ビジネス禅

―公認会計士が書いた禅の本―

笠倉健司著
箱田忠昭監修

税務経理協会

推薦の言葉

本書の著者、笠倉健司居士は30年近くも坐禅修行を行ってきた実参実究の人です。

私も今迄たくさんの坐禅修行者にお会いしてきました。

やはり、30年も長く続けている人は、人間的に信頼できます。

例外なく誠実で勤勉で、明るい人柄の持主です。

坐禅会に出席する人の100人のうち80人は1回でやめていきます。足の痛さ、つらさに耐えられないのです。

そのうち10人は1年以内でやめます。3年以上続くのは100人のうち5~6人でしょう。

まして30年もひたすら坐禅に打ち込む人は希有です。

その意味で笠倉居士の忍耐心、継続心、求道心は大変立派です。

口先だけの禅修行者、禅学者はいっぱいいますが、ひたすら参禅修行、30年はそれだけで禅を語る資格があります。

このたび笠倉さんが書かれた「ビジネス禅－公認会計士が書いた禅の本－」を心底推薦

したいと思っています。

笠倉さんは、学生時代にうつ病を患い、それを坐禅修行で克服し、大学卒業後に一念発起し、勉強して公認会計士の資格を取得した真面目な努力家です。

長く公認会計士の仕事を続けながら、己事究明、衆生済度の願心おさえ難く、昨年私に弟子入りし、講演研修の講師の道を歩むことになりました。

ビジネス禅、イス禅の普及により、大願を持ちながらもどうしていいのか分からないビジネスパースンのための灯明になることを決意しました。

私はそのような笠倉さんの心意気に大いに感じ、彼の夢が実現するよう微力を尽して応援しようと思っています。

本書はそのような笠倉さんの熱い思い、やる気、大願心がほとばしる力作です。

大きな夢の実現、仕事、健康、対人関係、経済的、家庭的な悩みなどをお持ちの人はもちろん、現在全てうまくいっていて、さらに飛躍を目指したい、日本の眼目となりたい、という大志をお持ちの人は是非本書を読んで下さい。でも読むだけでは駄目です。

禅は理論ではなく、実践です。本書に書いてあるイス禅を実行して、これからの人生を変えて下さい。

東洋の英知、坐禅により、読者の皆様のこれからの人生が大活現成することを祈念します。

臨済宗居士　箱田忠昭

はじめに

ビジネスパースンの方でも、禅に関心を持つ方は多いのですが、実際に禅道場へ行くのには敷居が高いようです。また、意欲がある方でも、在家の社会人が気楽に参加できる坐禅会が少ないので、実際に坐禅を組んだことがある方は案外少ないと思われます。

禅仏教に関心を持たれた方は、まず、何らかの解説書を読まれると思いますが、経験者である私から見ても、禅のことを分かりやすく伝えてくれる本は意外に少ないように思います。世界に禅を広めた鈴木大拙師の本は、素晴らしい内容ではありますが、哲学的なレベルが高すぎて、本格的な禅の修行をした方でも理解しにくいという声をよく聞きます。

そこで、禅に関心があるけれども、禅のことも仏教のこともほとんど知らないという方になるべく分かりやすく、禅の話をお伝えしたいと思い、この本を書いた次第です。

私は、1982年、21歳の夏に、日暮里駅の近くにあった1枚の看板を見て、谷中天王寺のそばにある人間禅擇木《たくぼく》道場で、はじめて坐禅を組みました。

翌年、22歳の時、人間禅道場の故・白田劫石《はくたごっせき》老師に入門し、臨済宗の公案《こうあん》修行を始めました。以来、30年近く、禅仏教の修行と勉強を細々と続けてきました。特に20代は、人間禅道場の修行に夢中になり、20歳から28歳までの8年間だけでも、80週間以上の時間を摂《せっ》心会《しんえ》（禅道場で行う合宿形式の修行の会）に参加して過ごしたほどでした。

その後、28歳の時、公認会計士になろうと決心し、試験勉強を始めました。公認会計士2次試験に合格して、あずさ監査法人（当時は、監査法人朝日新和会計社）に就職したのは、1992年、31歳の時です。私の場合、細々ながらも禅歴は約30年ですが、会計士歴は約20年です。

このたび、箱田忠昭先生に監修していただいて、初めての本を出すことになったとき、公認会計士であるにもかかわらず、迷わず禅仏教をテーマに選んだのは、仕事は会計士でも、心の支えとしてきたのは、禅仏教や安岡正篤《やすおかまさひろ》先生のご著書などを通して学んだ東洋思想だったからです。

私が禅の指導を受けている人間禅道場は、明治時代に臨済宗円覚寺派管長を務められた釈 宗演《しゃくそうえん》老師の弟子である両忘庵 釈 宗活《りょうぼうあんしゃくそうかつ》老師が、全国の在家信者のために始めた禅会がもとになっています。戦前は、両忘禅協会といいましたが、戦後、昭和24年に、釈宗活老師の法嗣《はっす》である立田英山《たつたえいざん》老師の指導のもと、両忘禅協会が発展的に改組されて、人間禅道場になりました。人間禅道場は、臨済宗系の在家禅の道場としては、最も歴史が古く規模も大きい正統的な禅道場です。

そのため、本来ならば、人間禅道場で行われている正統的な坐禅の仕方を解説すべきかもしれません。しかし、この本では、あえて坐禅ではなく、誰でもできる簡単な禅的瞑想法である「イス禅」の仕方を解説しています。私が行う禅セミナーでも、坐禅ではなく「イス禅」を実習しています。

「イス禅」はイスに腰掛けて行う「禅的瞑想法」です。足を組まないという点を除けば、坐禅と違いはありません。効果においても、ビジネスパースンが心の健康と人間的な成長のために行うのであれば、坐禅と大差なく、十分な効果が期待できます。

坐禅の場合は、日常生活の中では行うことのない独特の足の組み方をするので、初心者にとっては、かなり足や腰が痛くなります。また、足の痛みが気になって「腰骨を立てる（腰を張って、背筋を伸ばす）」という坐相《ざそう》で最も大事な点がおろそかになりがちです。

その点、「イス禅」は、普段通りにイスに腰掛けて、腰を張るように背筋を伸ばせば良いので、足が痛むこともなく、誰でも良い坐相を身に付けやすいという大きな利点があります。初心者にとっては、坐禅よりもイス禅の方が、取り組みやすく、効果を得られやすいでしょう。

禅仏教の奥義を究めようと思えば、本格的な禅道場に行って、正統な師家の指導の下に、坐禅を組んで修行をした方が良いのですが、日常生活の中で「禅的瞑想」を体験したいという方には、「イス禅」の方が適しているといえるでしょう。

毎日10分から20分程度、夜寝る前や朝起きた時や昼休みなどのちょっとした時間に「イス禅」を習慣的に行うようにして、3か月程度継続すれば、誰でも何かしらの「瞑想による効果」を実感できます。

特に、あふれる情報の中で自分を見失わずに直観力や創造性を高めたいという方には、毎日の生活の中で「禅的瞑想」のひと時を持つことは、大変効果的でしょう。忙しいビジネスパースンがより良い人生を送るためにも、「禅的瞑想」は意義深いものであると信じております。

この本は、第1部では、禅の魅力とイス禅のやり方を説明しています。まず第一章では私自身のつたない参禅体験をご紹介しています。第二章では、禅の効用について、深層心理学や医学的な研究やアーヴィン・ラズロ博士の宇宙哲学などを参考にしつつ、ビジネスパースン向けに分かりやすく説明しています。第三章では、イス禅の具体的なやり方を解説しています。第2部では、臨済禅の修行の目的と臨済宗中興の祖といわれる白隠禅師《はくいんぜんじ》の禅について説明しています。第四章では、私が禅の指導を受けた人間禅道場の歴史から、普通の社会人が禅の修行をする意味を探っています。第五章では、白隠禅師が書かれた『坐禅和讃《ざぜんわさん》』と『隻手音声《せきしゅおんじょう》』という仮名法語から「見性《けんしょう》」という悟り体験を重視した白隠禅師の教えについて説明しています。最後の第六章では、白隠禅師が強調された見性後の修行について説明しています。章ごとに比較的まとまった内容になっておりますので、どの章から読んでいただいても結構ですが、第五章と第六章については続きものとしてお読みいただいた方が分かりやすいと思います。

この小著が、禅に関心のある方、自宅やオフィスで禅的な瞑想を体験したいという方のご参考になれば幸いです。

平成23年8月吉日

笠倉健司

目次

第1部
禅の魅力と「イス禅」のすすめ

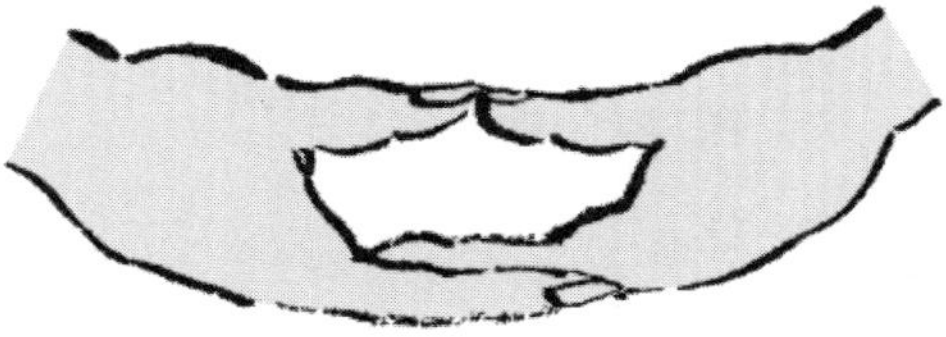

第一章　禅の魅力

1　禅修行のおかげで公認会計士になれた私

21歳の夏に禅と出会う

私は、早稲田大学3年生、21歳の夏（昭和57年、1982年）に、東京の日暮里駅そばの谷中にある人間禅の擇木《たくぼく》道場で、初めて坐禅の指導を受けました。そして半年もたたないうちに人間禅の修行に夢中になりました。それは、人間禅の理念に深く感動し、また禅の指導者である老師をはじめ、道場の諸先輩に心から尊敬できる方がたくさんおられたからです。私が感動した人間禅の理念とは、一言でいえば「人間形成のために禅の修行を通じて心を磨く」というものです。

実は、20代の頃、私は人間禅道場の修行に夢中になるあまり、早稲田大学を卒業するのに足掛け8年もかけてしまいました。大学卒業後も3年間、摂心会《せっしんえ》という1週間単位で行う禅修行の合宿に1年間に10回以上参加することができ、禅の修行を優先できる生活を続けたいと思いました。そのため、バブル期で就職が楽であったにもかかわらず、塾や高校の非常勤講師というアルバイト的な仕事しかせず、今でいう、フリーターに近い生き方をしていました。

しかし、ひとたび、摂心会中の禅道場に入れば、社会的な地位は関係ありません。どんなに立派な仕事をされている先輩達とも、昼は座布団を並べて坐禅をし、夜は禅堂に布団を並べて寝ていました。人間禅は在家の人が本格的な禅の修行をするための道場ですので、指導者である老師方も、道場で長年修行されている方も、皆さん普通の社会人です。当然、道場の外では、社会人としての地位の高下もあれば、収入の差もあります。

しかし、道場の中では、老師以外の弟子は社会的な地位などにかかわらず平等です。道場の運営上の必要から設けられている様々な役位《やくい》（役割）の違いはありますが、それは修行の進み具合や修行に対する取り組み方などによるものであり、社会的な地位は無関係です。

特に、摂心会中は社会人も学生も、夜は道場に寝泊まりします。休みを取れる日は、一日中道場で修行をしますが、仕事や大学がある人は朝の参禅が終わるといったん下山し、仕事や大学に出かけ、夜にまた戻ってくるという1週間になります。ちなみに参禅とは、老師から与えられる公案という問題に対して、修行者が一人ひとり老師の室内に入り、各人の見解《けんげ》（答え）を老師に呈して一対一で指導を受けることです。

摂心会中は、夜寝るとき、一人一枚の布団を禅堂に正しく敷いて寝ます。坐禅をするときは、男女も一緒に禅堂に並んで坐禅をしますが、寝る場所は、女性は別の部屋になります。世間的にいえば、学生サークルの合宿のような感じに近いものがあります。

禅道場では、よほど高齢であったり、体調を崩している人は別ですが、社会的な地位によって差別されることはありません。大企業の経営者も、大学教授も、学生も同じ大広間の禅堂で寝泊まりし、食事をし、坐禅をします。

28歳で就職問題に悩む

私が塾や高校の非常勤講師というフリーターのような生活をしていた28歳の頃、千葉県四街道市にある人間禅房総道場の摂心会に参加した時のことでした。深夜12時過ぎに夜坐《やざ》を終えて布団に入ろうとしたとき、ふと周りを見回して、あらためて反省させられました。

なぜなら、道場に布団を並べて宿泊していた30人ほどの参加者は、千葉大学の教授や助教授、住友金属など一部上場企業の部長や課長、医者や厚生省の局長クラスの高級官僚、さらには、愛媛県弁護士会の役員をされている弁護士や中小企業の経営者や幹部社員が数人といった具合です。学生を除けば、参加者の中でまともな職業についていないのは、私だけでした。摂心中は、公案修行に夢中になっているので、そのようなことはほとんど意識しないのですが、その晩は、苦労していたある公案が通った後だったこともあり、少し気持ちが緩んでいたのかもしれません。

人間禅道場では、「人間形成のための禅修行」が基本ですから、直接的には「世間的な成功を目指せ」といった話は聞いたことがありません。それにもかかわらず、社会的に成功されている方がたくさんおられることを痛感しました。そして、私自身も自分の職業問題について深く考えさせられたのです。

当時は、80年代末のバブル最盛期だったこともあり、私自身は「修行さえできるのであれば、いつまでもアルバイト生活でいい」というような甘い考えでした。しかし、人間禅道場の諸先輩をみると、どうも、まともな職業に就かなくては、禅の修行も一人前になれないような気がしてきました。そこで、遅まきながら、自分の職業をどうするかが、私にとっての深刻な現成公案《げんじょうこうあん》（眼前の現象そのものを公案すなわち問題として参究すること）になったわけです。

バブル期でも教員だけは就職氷河期

私は、大学卒業時に高校・中学の国語科教員免許を取得しており、大学卒業後は、塾や高校で非常勤講師をしながら、一応は、高校の正教員を目指していました。しかし、当時（平成元年頃）の高校教員の就職状況は極めて厳しく、大変な教員就職氷河期でした。なにしろ、東大・早慶など一流大学の大学院の博士課程で学んでいるような人が、高校の非常勤講師を3年も4年も勤めながら、高校の正教員の就職先を探しているという状況です。世間はバブルの最盛期で「労務倒産」という人手不足により黒字の中小企業が会社を閉鎖する現象が話題になっていた頃でしたが、教員の就職市場だけは別世界でした。

これには明確な原因があります。平成元年頃の高校生は、いわゆる団塊ジュニアの世代で、1学年が200万人もいました。しかし、その10年後には、1学年が150万人程度に減少することが人口統計からはっきりしていました。産業に例えれば、顧客の絶対数が10年で25％も減少することが明確だったのです。それに対して、教員については、団塊世代がまだ40代の働き盛りで定年退職まで20年もありました。顧客数が10年間で25％も減少し、市場規模が縮小することが分かっていても、学校側は、現役の正教員を減らすことができないという状況でありました。

となると、当然、新規採用を絞るしかなく、その結果、多くの高校で、文系でも大学院の修士号を持っていることが正教員の採用条件になりました。しかし、私は教員免許は持っておりますが、大学院に進学していないので、修士号は持っていません。そのため、ただでさえ厳しい教員の就職市場の中では、絶対的に不利な立場にありました。

私が28歳になる頃には、教員の就職市場の厳しさが、世間事にうとい鈍感な私にも身に染みて分かりました。修士号を持っておらず、大学を卒業するのに足掛け8年もかかっている私が、正教員に就職することはたいへん難しいことです。修士号を持っていないため、多くの私立学校では応募書類の申し込みすら受け付けてくれません。履歴書を受け取ってくれても、ほとんどは書類審査で落ちてしまいます。もちろん、3年から5年もの間、非常勤講師をしながら、辛抱強くチャンスを待ち続ければ就職できるかもしれません。しかし、必ず正教員になれるという保証もありません。年齢が高くなるほど正教員への就職は不利になるという情報もありました。

また、当時（平成元年頃）はバブルの最盛期で、高校の生徒の気質にも全体に浮ついた気分が横溢し、私の高校時代とは明らかな変化がありました。しかし、一般企業に就職したことがない私には、ビジネスのことが分かりません。経済社会が大きく変化していることは感じるのですが、社会の変化の方向性が見えません。その中で生徒に何をどのように教えたら良いのかよく分からなくなり、教師として自信が持てなくなってきました。そのような自分が高校生を教えることに疑問を感じ始めていました。

公認会計士として20年近くも実務経験を積んで、それなりにビジネス社会のことが分かった今となると、高校生は人間としての基礎教育の段階ですから、時代の変化に惑わされずに、学業面でも人間教育の面でも基本的なことをしっかり教えれば良いのだと分かります。しかし、当時は、自分が行う教育内容が時代の変化に取り残されているような思いがし、ますます自信を無くしていきました。

こうして、自分の就職問題が深刻な現成公案となってみますと、高校生を教える自信もないのに、高校教員を目指すことは、間違ったことに思えてきます。さらに、教員就職氷河期の中で、いつ就職できるのか全く分からないという状況で、高校の非常勤講師を続けることは、就職問題という現成公案に対するまともな見解《けんげ》（禅の公案に対する回答のこと）とは思えませんでした。

公認会計士試験を目指すことを決意

そのようなわけで、28歳の秋頃には、自分の職業問題が現成公案として、私の心に重く深く突き刺さってきました。ある日、早稲田大学生協の書店に本を買いに行ったとき、ふと、1枚のポスターが目にとまりました。そこには「あなたも、1年半で公認会計士試験に合格できる」と書いてありました。公認会計士受験予備校のポスターです。おそらく、私はそれまでに何十回も同様のポスターを目にしていたはずです。しかし、これまでは、一度としてポスターを意識したことがありませんでした。ところが、その時に限って、なぜか、そのポスターが周囲より浮き上がるように輝いて見えたのです。

突然、「28歳の自分が教員以外でまともな職業につくとしたら、国家資格を取るしかない。それには、公認会計士だ」と直観的に思いました。そこで、その場でポスターに書いてあった予備校の説明会に、参加の申し込みをしました。

説明会に出てみますと、当時は、公認会計士業界は人出不足で、年齢に関係なく公認会計士2次試験に合格して会計士補になれば、ほとんどの人が監査法人に就職できることが分かりました。また、公認会計士が行う会計監査の仕事は、公正性と独立性が要求される公共的な性格が強いことも分かり、仕事として大変やりがいのある魅力的な業界であることも理解できました。結果的にその場で公認会計士試験にチャレンジすることを決意し、翌年（平成2年）3月から始まる予備校の1年半コースにさっそく申し込みました。

試験勉強に専念するため、平成2年3月末で高校も塾も非常勤講師の仕事を辞めました。仕事は、学費を稼ぐための週2回の家庭教師だけに絞りました。そして、平成2年3月から公認会計士の受験予備校に通いながら、毎日10時間以上の受験勉強を始めたのです。

私は不器用な人間で同時に二兎を追うことはできないと思いましたので、人間禅道場に対しては「会計士試験に合格するまでは参禅修行を中断させてください」と申し上げ、会計士試験に合格するまでは自宅での日々の坐禅はしても、摂心会など禅道場の行事には一切参加しませんでした。

私の力不足から、さすがに1年半では合格できませんでしたが、2年半で無事、平成4年10月に公認会計士2次試験に合格して会計士補の資格を得ました。同時に4大監査法人の1つであるあずさ監査法人（当時の名称は、監査法人朝日新和会計社）に就職できました。最近は監査業界も不況の影響で、公認会計士2次試験に合格しても監査法人に就職できない人もたくさんおられますから、大変幸運だったと思います。

監査法人に就職した直後の11月の誕生日で私は31歳になっていますから、私の20代は禅の修行と会計士試験の受験勉強で終わったようなものです。幸い、その3年後には公認会計士3次試験にも合格して、平成8年、無事、公認会計士登録をすることができました。

会計士補時代から、あずさ監査法人に15年勤務しました。その後、あずさ監査法人時代の最初の上司であった方が設立したアーク監査法人のパートナー（出資者兼役員）として3年間勤務し、平成22年9月まで約18年間にわたって会計監査の仕事に従事しました。

諸般の事情から平成22年10月に独立し、自分の会社（有徳経営研究所（株））を設立しました。そのため、今は会計監査の仕事からは離れておりますが、今振り返ってみますと監査法人時代には、公認会計士として充実した職業生活を送ることができたと思います。

もし、私が人間禅のような本格的な禅道場ではなく、カルト的な宗教団体に入っていたとしたら、おそらく、そこにはまって、一生無職に近い生活をしていたかもしれません。公認会計士という一応社会的にまともな職業に就けたのも、人間禅道場における禅の修行のおかげであると感謝しております。

2 普通の社会人が禅の修行をする意味

人間形成を目的とする人間禅道場

私が禅の指導を受けている人間禅道場は、さかのぼれば明治時代から百年以上も続いている伝統ある在家の人による本格的な禅の修行道場です。指導者である老師（師家《しけ》）も弟子として修行している人も、皆さん、在家であり、僧侶ではありません。純粋に修行を目的とする在家禅の団体で、日本全国に10数か所も禅道場を持って、それぞれで摂心会や坐禅会などの活動をしています。私が知る限り、そのような在家の人による本格的な禅道場では、人間禅が一番大きい団体ではないかと思います。

なぜ、百年以上も在家の禅修行の団体が活動を継続できるのでしょうか？　人間禅道場は、会費制の団体であり、会員からの会費収入で運営されています。葬式などの法事を経済的な目的ですることはありません。修行のための道場は持っていても、霊園などは持っていません。経済的な基盤はあまり強くない団体です。それでも、百年以上も道場が続いているのは、人間禅の修行にそれだけの魅力があり、多くの普通の社会人が本来の仕事のかたわら、熱心に禅の修行を継続して、人間禅道場を活動面から支えてきたからです。

人間禅道場についてご理解いただくには、弟子たちを指導されている老師方がどのような方なのかを知っていただくのが一番良いと思います。人間禅道場の老師は、人間禅道場で20年も30年も40年も修行を続けてこられた方の中から、特に修行を修了され、人を指導する資格があると老師によって認められた方が、師家としての証明書（印可状《いんか》）をいただいて、老師になります。老師は禅道場の指導者であると同時に、その修行者たち全体の代表ともいえます。

私が入門した当時の人間禅道場には、６人の老師がおられました。老師方も禅僧ではなく在家の方ばかりです。私の最初の師である白田劫石《はくたごっせき》老師は千葉大学の人文学部長を２期務めた千葉大学名誉教授でした。白田老師の次に指導を受けた荒木古幹《こかん》老師は、精神科医で九州一大きな精神病院を一代で築き、理事長としてそこを経営されておられました。

また、私自身は直接、禅の指導を受けておりませんが、何度も講話をお伺いしたことのある芳賀洞然《はがとうねん》老師（芳賀幸四郎先生）は日本文化史研究の大家として有名で、東京教育大学（現在の筑波大学）、大東文化大学の教授を歴任されました。

松崎廓山《かくさん》老師は、福岡県の高等学校の校長先生をされた方ですが、全国校長会の会長をつとめたり、柔道家としてオリンピック選手を指導して有名でした。松崎老師が逝去された後には、講道館から柔道九段（柔道における事実上の最高段位）が追贈されました。

また小野円照《えんしょう》老師は、もともとジャーナリストですが、当時は、岡山県経団連の役員をなされていました。大重月桂《げっけい》老師は内科医で、岡山県で病院を経営されていましたが、むしろ医学研究者として専門家の間では有名であったと伺っております。

人間禅の老師方は、それぞれ人間形成のために禅の修行を人一倍熱心にされた来た方々ですが、社会的にも立派に成功された方ばかりでした。老師以外の諸先輩を見回しても、会社経営者や上場企業の役員または管理職、大学教授や弁護士、医師、税理士、教師などの専門職の方など、全国で数百人の会員の中に、立派な方がたくさんおられました。

その中には、剣道範士《はんし》九段で警視庁最高師範であられた小川忠太郎先生や（株）きんでん（年商5千億円規模の一部上場企業）の社長を務められた高橋季義《すえよし》先生など社会的にも有名な方が何人もおられました。

法輪《ほうりん》転ずれば食輪《じきりん》転ず

なぜ人間形成のための禅修行をすると社会的に成功するのか、不思議といえば不思議です。しかし、禅仏教では昔から「法輪《ほうりん》転ずれば食輪《じきりん》転ず」といって、禅の修行をしっかりすれば（法輪を転ずれば）、自ずと食《じき》が得られ社会的にも評価される（食輪転ず）ようになるといいます。天は必ずその人を見ているので、その人の人格（人間形成）にふさわしい職業や収入を与えてくださるといった教えでもあります。

人間禅道場では、基本的に「法輪」すなわち「人間形成の道」を教えて、社会的な成功のための「食輪」については教えません。「食輪」については、各人の日常生活における修行の課題であり、個人の工夫に任せているわけです。

人間禅道場で何十年も修行を続けている諸先輩は、どこまでも「人間形成のための禅の修行」に真剣に努力されている方ばかりでした。その結果、社会的にも成功された方が多く出ています。人間禅道場の歴史を見ると「法輪転ずれば食輪転ず」という言葉は、絵に描いた餅ではなく、そのまま真実であると思います。

最近は、デフレ経済が20年も続き、家計所得が毎年のように低下する経済環境にあるせいでしょうか、若い人向けのビジネス書を見ると「いかにして楽に早く成功するか」という安直なスキルを書いている本が多くあります。ビジネス書の読者の平均年齢は28歳だそうですが、そのような本を真剣に読む20代の人のことを思うと痛々しい思いがします。もし、本当に社会的経済的にそれなりの成功をしたいのであれば、人間形成の努力をすることが、一見、遠回りに見えて、実は一番近道なのではないかと思います。

人間形成の方法は、別に禅に限ったことではなく、様々な勉強方法があるでしょう。ビジネス書の中にも良書がありますし、安岡正篤先生や森信三先生など先哲の本を真剣に読書すれば、それだけでかなりの効果が得られることでしょう。さらに進んで、東洋のものでも、西洋のものでも、古典といわれる思想や歴史や文学などの本を親しく読み続ければ、よりいっそうの進歩があるでしょう。

戦前の日本のエリート養成学校である旧制高校では、専攻分野にかかわらず、理系の学生も文系の学生も、競って、哲学・歴史・文学の本を乱読していました。旧制高校には、いわゆる教養主義という文化風土があり、それは、旧制高校で育った世代が社会の指導的な地位にいた昭和の時代くらいまでは、日本社会に残っておりました。

最近では、京都大学の先生によって『教養主義の没落―変わりゆくエリート学生文化』（竹内洋著、中公新書）という本が書かれるほど、教養主義的な雰囲気は薄れてしまいました。しかし、教養主義が生きていた時代こそ、日本が「ジャパンアズナンバーワン」として、今の中国以上に欧米諸国から畏怖され尊敬されていたことも歴史的事実です。

本来、旧制高校で行われたような教養主義的教育こそ、成功への王道であるはずです。現代においても、そのような人間形成の努力を真面目にコツコツやっている人を天は見捨てないと思います。もちろん、人間形成の努力をした人すべてが、社会的経済的に大成功するとは言えません。しかし、必ずやそれぞれの人の天分に応じた充実した人生が自ずと開けてくると思われます。

さて、禅の世界では、「教外別伝《きょうげべつでん》　不立文字《ふりゅうもんじ》　以心伝心《いしんでんしん》」といいます。「（禅の真髄は）教えの他に別に伝え、文字を立てず、心をもって心に伝う」という実地の禅修行を通して伝えるものであるという意味です。まったくその通りなのですが、それだけに修行の経験のない方には、禅の話は何とも分かりにくいものになります。

そこで、禅の修行体験のない方の理解の助けになるように、次節以降で、私の参禅体験をご紹介いたしましょう。老師方の体験談は、ときに近寄り難いほどすごいものがありますが、私のような普通の人間の修行の体験談は、かえって一般の人の参考になるのではないかと思います。

3　抑うつ状態だった大学時代

18歳のときに「実存的悩み」に取りつかれる

私が、坐禅と出会ったのは、大学3年生の夏でしたが、そのきっかけは、高校3年生の秋から始まった抑うつ状態でした。

私は、開成中学から開成高校と進学したものの、高校3年生（1979年）の11月頃より、受験ノイローゼとなり（今の診断基準ならば、たぶん「うつ病」でしょう）、勉強がほとんど手につかなくなり、学校も半分不登校状態になり、卒業も危ぶまれるほどになりました。ひたすら、毎日憂うつで、「何のために生きているのか」と答えのない問いが頭から離れません。「生きる意味が分からない」という悩みをドイツの精神分析医のV．フランクルは「意味の病い」とか「実存的悩み」と呼びますが、まさにそういう感覚でした。「生きる意味」の問題に取りつかれると、簡単には解決がつかないので、とても苦しく感じます。しまいに生きているのがつらく感じるようになります。ひどい「自己嫌悪」「自己否定感情」に苦しみ、何事にも意欲がわかず、気分は常に憂うつで、時に「自殺願望」まで出てきましたから、今から考えれば、立派な「うつ病」だったような気がします。

自殺願望についていえば、たとえばホームで電車を待っているときに、突発的に飛び込みそうな気持ちになったりするので、ホームの端に立つことができず、電車が止まるまでホームのイスにしがみついていた日もありました。自宅近くの5階建てのマンションの屋上にふらふらと上がり、住民からとがめられて降りてきたこともありました。もしとがめられなければ、飛び降りていたかもしれません。しかし、冷静に考えれば、自殺する理由がないことが自分でもわかるので、自殺願望が出てくるというのは、やはり、心の病だったのでしょう。

大学受験の前には、心配した親に連れられて専門の精神科にも行きましたが、当時は、今とは診断基準も異なり、また、今ほど良い向精神薬が開発されていなかったせいもあるのでしょう。「君はノイローゼだ。あまり考えすぎない方が良い。そのうち治るよ」といわれただけで、何の薬も出してもらえませんでした。

そんな状態でしたが、運良く、高校3年生の秋までの勉強の貯金で、1980年3月に早稲田大学政治経済学部に現役で合格できました。おかげで、少し、抑うつ的な気分は改善されましたが、「何のために生きているのか、分からない」という実存的な悩みは少しも解決されません。むしろ受験という当面の目標がなくなったために、ますます「生きる意味」の問題に取りつかれるようになりました。青春を一番楽しめるはずの18歳の大学1

年生であるのに、「何のために生きているのか分からず、生きているのがつらい」という情けない状態でした。

大学入学直後からカウンセリングを受ける

そのようなわけで、早稲田大学入学直後の4月から学生相談センターで、専門のカウンセラーから毎週1回、1時間から1時間半のカウンセリングを約半年間受けました。カウンセラーに支えられて、多少は、大学生活にもなじめるようになりました。しかし、「生きる意味が分からない」という問題は相変わらず解決できず、いつも憂うつ感に支配されている抑うつ状態でした。そのせいでしょうか、頭がよく動かず、常に頭にもやがかかったような状態でした。大学の授業は出席しても、内容をほとんど理解できません。専門書はもちろん、小説のような普通の本ですら、読む気がおきず、無理に読んでも、ほとんど理解することも、楽しむこともできませんでした。

友達もあまり作れず、授業にも関心が持てず、ただただ、憂うつで無気力な毎日でした。そのころから日本の伝統文化には関心があり、カウンセラーの勧めもあって、茶道研究会というサークルに入りました。大学のそばにある表千家のお茶の先生の本格的なお茶室で行う週1回の茶道の稽古のときには、心が慰められました。

しかし、稽古の後の飲み会などでは、友人や先輩と楽しそうに話をしなければならないのが、私には苦痛でした。根本的に人生を楽しんでいないのに、楽しそうにふるまわなければならないというのは、かなりつらいものがあります。まわりから変な人に思われないために楽しそうな振りをしていたわけですが、心の中は、いわれのない不安感や憂うつ感でいっぱいでした。原因が外側にあるのならばともかく、自分の心の中に原因があるのですから、どうすることもできません。

大学3年から自主休学に入る

大学2年生までは、なんとか、ごまかしごまかし、通学しましたが、成績は最低で、ごまかしのきかない必修の第2語学は単位すら取れない状況でした。80年代の大学、特に文系学部は、「レジャーランド」と言われた時代で、要領良くやれば、大した勉強もせずに良い成績をとることができます。私も、周りの真似をして、試験前にどこからともなく出回る模範解答を手に入れて、丸暗記しようとしましたが、なにしろ、頭がまともに動かないので、模範解答すら、ほとんど内容を理解できず、結局、成績表には、「可」と「不可」ばかりが目立つという、いわゆる「カフカの世界」と揶揄《やゆ》される状態でした。

大学2年生の終わりころから、ますます、抑うつ状態がひどくなり、このままでは生きている甲斐がないと思いこむほどでした。そこで、親に頼んで、1年だけ大学を自主休学させてもらって留年することにしました。自分の心の病と向き合い、「生きる意味」を見つけようと思ったからです。結果的には、自主休学期間は3年間にも及びました。今思えば、当時は、引きこもりの一歩手前の状態であったと思います。

茶道の稽古は嫌いではありませんでしたが、人との付き合いがつらくて、結局、茶道研究会もやめました。大学には一切行かなくなり、友達とも付き合わず、医者にも行かず、ただ1人、自分の心の病と向き合うことにしました。

4　1枚の看板で禅と出会う

日暮里駅前の1枚の看板を見て坐禅会に参加する

私が、初めて、禅道場に行ったのは、早稲田大学3年生の8月でした。

3年生の4月から「自主休学」と称して、科目登録だけして大学の授業には出ず、サークルもやめ、家でゴロゴロしたり、気が向くと映画館や図書館に行ったりと、半分、引きこもりのような生活をしていました。

ただ、大学を自主休学すると決めると、少しは憂うつな気分が軽くなりました。大学3

年の4月から8月まで、大学に行かずに、友人とも会わずに、ただ、ぶらぶらしていました。しかし、そのような生活をしていると、結果的に、うつの治療に最も大事な休養を取ることになったようで、8月頃には、かなり気分が好転してきました。

大学は、夏休みでしたし、1年間は、自主休学すると決めていたので、この際、普段できないことをやってみようかと思い、ごく軽い気持ちで、日暮里駅そばにある人間禅擇木《たくぼく》道場の坐禅会に参加してみたのです。

当時の擇木道場は、毎週火曜日の午後6時半から8時まで、1時間半の坐禅会が週の定例会として実施されていました。日暮里駅のそばに看板が出ており、出身高校が近くにあったことから、高校時代から、そこに坐禅会があることは、なんとなく知っていました。

しかし、大学3年生の8月までは、坐禅に特に関心はなく、行く気もなかったのですが、抑うつ状態が完全に治ったわけではないにしても、少し良くなってきて、何か精神的に良いことやってみたくなった時に、ふと、日暮里駅そばの坐禅会の看板を思い出したのでした。

当時は、インターネットなどない時代ですから、電話で問い合わせると、希望者は、100円くらいの安い会費で誰でも参加できるということでしたので、ごく軽い気持ちで、擇木道場を訪ねたのでした。

擇木《たくぼく》道場で坐禅のやり方を習う

初心者なので、少し早めの午後6時ころに擇木道場に行くと、すでに、ベテラン会員の方が何人か来られており、坐禅会の準備をされていました。私以外の参加者を見ると、大体30代から50代くらいの社会人が多く、20代と思われる人は、その時は、私しかいませんでした。

それを見て、ちょっと不安になったのですが、事前に電話をしていたこともあり、初心者に坐禅の仕方を教えてくれる係の方が、控室で親切に対応してくれました。

何しろ、私自身は、坐禅をしたこともなければ、坐禅の本を読んだこともありません。見学気分のごく軽い気持ちで来ただけでしたが、指導係の方が30分くらいかけて、分かりやすく坐禅の組み方や道場の基本的なマナーを教えてくれました。

擇木道場は、大正4年に初代の建物が建てられたほど、由緒ある坐禅道場です。創建当時から居士《こじ》という在家の一般人のための禅道場でしたので、禅堂は全体が畳の部屋です。私が初めて行った時の古い建物の禅堂は、36畳の広さであったと思います（擇木道場は、平成4年に建て直されて、今の禅堂は70畳くらいあります）。

人間禅道場は、本格的な臨済宗系の坐禅を修行することを目的にした禅道場ですから、坐禅本来の坐り方（結跏趺坐《けっかふざ》または半跏趺坐《はんかふざ》）を教わりました。坐禅の坐り方は、あぐらのような恰好でありながら、お尻の下に座布団をいれてお尻を少し高くして、足の甲を反対の足の腿に上げて、腰を少し張り出すようにして背筋をぴんと伸ばすというものです。

私も、当時は若くて、体も今ほどは固くなかったので、とりあえず言われた通りやってみたら、坐禅らしいかっこをすることができました。そうしたら、指導係の方が、「上手ですね。これなら、すぐに一緒に坐禅できるから、禅堂に行きましょう」といって、いきなり、ベテランの方々に交じって初めての坐禅体験が始まりました。

5　最初の坐禅で怒鳴られた思い出

初めての坐禅で足の痛みに冷や汗が出る

今から28年前の１９８２年8月下旬の火曜日の夜に、私は、日暮里駅のそばにある、擇木道場の禅堂に入って、10数名のベテラン会員に交じって、生まれて初めての坐禅を組んだのでした。後で分かったのですが、その時の坐禅会では、私以外はほとんどの方が10年以上の参禅経験を持っており、初心者は私だけでした。

どのような坐禅会でも、一定水準以上の力量のある参加者が集まって、真面目に坐禅に取り組むと、そこには目に見えない「フィールド（場）」ができるように思います。ベテランの方が多い禅堂は、坐禅中に独特の雰囲気が漂い、静かな中にある種の真剣さがあって、緊張感の中にもなんともいえない心の落ち着きをかもし出す雰囲気になります。

人間禅道場の例会の場合、1回の坐禅時間は、45分が基準です。時計代わりに長いお線香を立てて、時間を計ります。ほのかなお線香の香りがする中、十数人の人が、擇木道場の36畳の大きな禅堂で、物音ひとつせずに静かに坐禅をしています。

まわりのベテランの皆さんが、気持ち良く坐禅をされていたからでしょうか、私も、最初の15分か、20分くらいは、とても良い気持ちで坐ることができました。どこまで、坐禅になっていたかは、別として、本人は、まわりの雰囲気の中にとけこむことができた感じがして、何ともいえず、心が落ち着きました。私の場合、それだけで、坐禅が好きになったといえます。

ところが、30分もたつと、足がどうしようもなくしびれてきて、特に膝や腿のあたりがひどく痛み出しました。これにはまいりました。最初の45分間は、それでも何とか我慢したのですが、5分間の休憩をはさんで、2回目の45分間の坐禅に入ったときは、15分くらいしたころからひどく足が痛みだして、途中で逃げ出したくなりました。しかし、そっとまわりを見まわしてみると、私以外のベテランの方は、静かに気持ち良さそうに、きちんとした姿勢で坐禅をしています。

坐禅中にいきなり怒鳴られてびっくりする

本当は、一定の作法にのっとれば、途中退出してもよいのですが、初めて禅道場に来たばかりでしたので、そのあたりの作法までは、教わっていませんでした。なんとか、我慢しようと思うのですが、足の痛みに冷や汗が出てくるほどです。しかたがないので、坐禅の姿勢のまま、体を左右にそっとひねったり、前後のそっとゆすってみたりして、何とか、痛みを和らげようと必死でした。

ところが、そのようなちょこまかした動きは、禅堂の中では、大変目立ちます。直日《じきじつ》という坐禅会の責任者の方が、私の落ち着きのなさを見つけ、突然、禅堂全体が揺れたかと思うような大声で、

「動くなー!」

と怒鳴りました。

坐禅中は、「半眼《はんがん》」といって、薄目を開けて、前方1メートルくらいの畳をぼんやり見ています。そういう状態では、周囲の状況は、ほとんど見えません。しかし、直日の方は、雰囲気で分かったのでしょう。私がもじもじしているのに気が付いて、すさまじい迫力で怒鳴りました。

私は、初対面の直日《じきじつ》から、坐禅中に突然怒鳴られて、坐禅の格好のまま、30センチも座

布団から飛び上がったかと錯覚するほど驚きました。もじもじしていた本人ですから、直日が私を怒鳴ったことは、瞬間的に分かりました。それからは、まったく動くことができません。足の激痛に必死に耐えて、45分間が過ぎるまで、ひたすら我慢していました。そうなると、坐禅の心境ではなく、ただただ、早く終わってほしいと祈るばかりです。

やがて、「チーン」と印金《いんきん》（禅堂で合図に使うお鈴《りん》のこと）の音がし、柝《たく》という拍子木《ひょうしぎ》の音が2回して、やっと坐禅の時間が終わりました。終わって姿勢を楽にしたときは、本当に救われた気持ちがしました。

初めていった禅堂で、初対面の人から、いきなり大声で怒鳴られ、しかも、その理由が「坐禅中にもじもじした」ことだけですから、普通は、腹を立てて二度と行かないでしょう。しかし、私には、怒鳴られた体験が、とても新鮮で良かったのです。体育会など運動部に入っていない私にとっては、大学に入って、初めて、他人から真剣に本気で怒鳴られた経験でした。それも、40歳くらいの初対面の直日が、20歳そこそこの学生に対して、坐禅中に、もじもじしただけで、禅堂が揺れたかと思うような大声で怒鳴るとは、これは、ただ事ではないと感じました。

禅堂に流れる「求道心」に気が付く

擇木道場では、ベテランの人たちが、一見、静かに気持ち良く坐禅しているように見える中で、何か、とてつもなく真剣なものがあるということに気が付きました。つまり、何かは分からないけれども、坐禅によって、何らかの「道」あるいは「真理」を真剣に求めているらしいということが、はっきりと理解できました。「求道心《ぐどうしん》」が、静かな禅堂の中にみなぎっていることに気が付いたのです。

ちなみに、後で分かったのですが、直日の方は、小松元山《げんざん》さんという擇木道場の道場長を務める方で、仕事は司法書士であり、ご自分の事務所をお持ちでした。普段は、温厚な方で、初心者を怒鳴るようなことはしない方です。その日も、坐禅会が終わった後で、何事もなかったかのように、

「笠倉君、来週も、ぜひ来てくださいね」

とにっこり笑って、話しかけてくれました。その笑顔も、良かったです。つい20分くらい前に大声で怒鳴ったことが、まるでなかったかのような、さわやかな笑顔でした。その笑顔を見て、私を怒鳴ったことは、少しの悪意もなく、ただ、励ます意味だったのだと、すぐに理解できました。

それにしても、温厚な人が、なぜ、あの時、私のことをあれほどの勢いで怒鳴ったのか、

今でも、不思議な気がします。

長年、坐禅をやっていると、坐禅中は、アルファ波（安静にしてリラックスした時に出る脳波）がたくさん出て、平安な気持ちになりますから、日常生活の中でいやなことがあっても、坐禅会の間は、それを忘れて坐禅をできます。

それに、誰もが初心者の時に足が痛んで苦しんだ経験を持っていますから、ベテランの人は、初心者の足が痛むことは誰でも知っています。本来は、その程度のことで腹を立てることはありません。

また、初心者に注意するとしたら、坐禅中は静かですから、普通の声でいえば、よく相手に聞こえます。普通の声で、

「坐禅中は、動かないように。どうしても足が痛かったら、静かに合掌してから、足を崩して、しびれをとってから、また坐禅しなさい」

と指示すれば、それで済むわけです。のちに、私が早稲田大学で学生向けの坐禅会を作って、直日をしていた時は、いつも、そのようにしていました。

いきなり初対面の学生を怒鳴るというのは、人間禅道場では、異例な対応でした。禅堂によっては、最初から怒鳴りまくって、教育するところもあるようですが、人間禅は、ベテランの社会人会員が多いこともあって、初めて坐禅会に来た人を怒鳴るようなことは普

通はしません。

怒鳴るとしたら、むしろ、それなりの経験者が坐禅中に寝ているとか、明らかに気が散って集中していないようなときです。そういう人に対しては、禅堂でいくら怒鳴っても、あくまでも励ます意味であることをお互いに知っていますから、問題ありません。

しかし、初心者の場合は、坐禅のことを何も知らないわけですから、うっかりするととんでもない誤解を与えて、二度と坐禅会に来なくなるかもしれません。ご縁があって、坐禅会に来ていただいた人をそういう形で、追い返すようなことは、仏道の上から見ても、不遜な行為です。

しかし、あの一喝によって、私の気持ちに火が付いたことは確かです。一見静かな禅の世界に、どのような秘密が隠されているのか、何をそこまで真剣に求めているのか、自分も知りたくなりました。

最初の坐禅は、足がひどく痛くて、ただ、ひたすら苦しかったことを覚えています。しかし、苦しい中にも、何とも言えない静かで厳粛な雰囲気が気に入り、坐禅中は、誰とも話をしなくても良い（話してはいけない）というルールも気に入りました。それに足の痛みと戦って坐禅と取り組んでいる間は、心の苦しみを忘れられることに気が付き、週1回の道場における坐禅会に通うようになりました。

6　白田《はくた》老師との出会い

初めての摂心会《せっしんえ》で白田老師の提唱《ていしょう》に感動する

坐禅会に通いだして3か月ほど経過したその年の11月に「摂心会」という1週間の坐禅合宿が擇木道場でありました。私も、勧められるままに初めて摂心会に参加いたしました。その時、最初の禅の師匠となる白田劫石《はくたごっせき》老師と出会ったのでした。といっても、50人程度の参加者の中で、私は一番の新参者ですから、末座から、講座中の白田《はくた》老師のお姿を拝見し、さっぱり理解できない難しい禅の話を聞いただけです。その時の講本は、禅門第一の書といわれる「碧巌録《へきがんろく》」だったように記憶しております。

禅の話は、ただでさえ、難しいのですが、白田老師は、なにしろ玄人好みのする最高レベルの難しいお話をされますから、初心者には、さっぱり理解できません。しかし、白田老師の人間としての風格と静かな中にも自ずとにじみ出てくる迫力に、私はいたく感動いたしました。白田老師は、大正4年の生まれで、当時（1982年）、60代で、禅の師家としては、円熟の境地にありました。僧侶ではなく、在家の老師であり、本業は、西洋倫理学を専攻する学者で、千葉大学の文学部長も務めた方でした。当時は、千葉大学をすでに退官されて、千葉大学名誉教授でした。

白田《はくた》老師のお姿に感動した私は、すぐに入門を希望したものの、坐禅がそれなりにできるまではダメだといわれました。それから約半年かかって、1週間単位で開催される摂心会に3回以上参加して坐禅中の坐相がそれなりになってから、ようやく大学4年生の6月の摂心会で正式に入門できました。

臨済宗の場合、老師に入門すると「公案」と呼ばれる禅問答の問題を与えられます。日本の禅宗には、大きく分ければ、臨済宗と曹洞宗がありますが、臨済宗では、修行者に対して指導者である老師が「公案」という問題を与えます。

「公案」というのは、あえて論理では解けない矛盾した設問になっています。あれか、これかという論理的思考に縛られている頭を開放して、禅的な感性を養い、禅的な眼を開かせるための道具と考えていただければ良いと思います。

公案修行について

初心者に与えられる代表的な公案には、「趙州無字《じょうしゅうむじ》」や白隠禅師《はくいんぜんじ》の「隻手《せきしゅ》の声」などがありますが、人間禅道場では、「本来の面目」という公案が与えられます。

「本来の面目」とは、「父母未生《ふぼみしょう》以前における本来の面目はいかん?」というもので、

「父母（陰陽の例え）に代表される相対的、観念的な対立がきざす以前における自分の本当の心の姿はどのようなものか？」という意味の問いです。1週間単位で年に何回か開催される摂心会の間、毎日3回から4回の参禅の機会があり、入門している修行者は、一人ひとり老師のいる部屋に行き、一対一で禅問答をします。臨済宗における参禅は、師家と弟子が一対一で行うことから、独参《どくさん》とも呼ばれます。

禅問答の問題である「公案」というのは、細かく数えれば、1700則《そく》以上もあるといわれていますが、人間禅道場では、そのうち200則《そく》を選んで、初心者用から熟練者用に体系的に並べています。老師になるためには、それらの問題をすべてこなし、かつ、何度も味わい直したうえで、人格識見ともに優れていると師匠に認められたものだけが「師家」という資格を得て、老師になります。

人間禅道場は、在家禅の道場ですから、参加者は皆さん、僧侶ではなく、サラリーマンだったり、自営業者（経営者）だったり、医師、弁護士などの士業や、大学教授、高校中学小学校の先生など、職業は様々でした。1982年当時も、すでに全国に10以上の支部があり、6人の師家が支部ごとに担当を分けて指導されていました（現在は、9人の師家のもとに全国に17支部があります）。

師家になられる方は、大体20代から30代のころから修行を初めて、師家になるまで、20

年も30年も、仕事の傍ら、熱心に修行をされて来られた方ばかりです。白田老師もそのような方の一人でした。

7　最初の公案をいただく

「本来の面目」の公案と取り組む

白田老師から、最初の公案である「本来の面目」をいただいて、勇んで参禅したものの、初めのうちは全く歯が立ちません。いろいろと頭で考えて答えを持っていくのですが、すべて否定されます。禅問答の世界では、老師は、答えを教えずに、修行者の答えの正邪を判断するだけとされています。

そもそも、参禅によって修行者にわからせようとしている「仏性《ぶっしょう》」というものは、誰もが持っているものでありながら、相対的知見では理解できないものであり、教えようがないのです。しかし、坐禅という瞑想法を行じ、公案という問題に全身全霊で取り組むとき、いわゆる「悟り」という体験的な知覚によって分かるものです。

公案は答えそのものよりも、問題に取り組む過程に意味があります。老師から、相対的な思考によって考えた「自分の心の姿」を徹底的に否定されて、何も答えが出なくなったときから、本当の参禅が始まるといえるでしょう。

しかし、必死になって考えた答え（禅の専門用語で「見解《けんげ》」といいます）をにべもなく老師に否定されるという経験は、大変つらいものです。参禅は、基本的に自分の意思で行くので、行きたくなければ、順番が着てもパスすればよいのですが、あまりパスばかりしていると、道場責任者（師家ではない修行者の中のリーダー）から、強制的に参禅を命令されます。そのような時は、大の大人（社会人）が参禅を嫌がってジタバタ抵抗するのを道内役位の数人が体を抱えるようにして、無理やり参禅に行かせるような場面もありました。

私は、無理やり参禅させられたことはありませんでしたが、毎回、自分の見解（公案に対する回答）をにべもなく否定されると、さすがに参禅することが怖くなり、いつも震える思いで参禅していました。

最初の摂心会では、公案にまったく歯が立ちませんでした。それから、7月、8月、9月と毎月、老師の後をついて、各地の摂心会に参加いたしましたが、数十回参禅しても、ただただ、否定されるばかりで、いよいよ、どうすることもできない状態に追い込まれました。その間、家でも、毎日1時間半から2時間程度、坐禅をし、大学には、まったく行かず、時々アルバイトをしてお金を作っては、ほぼ毎月1回の割合で、毎回1週間単位の摂心会（坐禅の修行合宿）に門外不出で参加して、必死に参禅する生活でした。

人間禅道場の摂心会について

人間禅道場の摂心会は、通常、以下のような日課が1週間続きます。中日だけは、高齢の老師の休息のために提唱や参禅がお休みなったりしますが、当時の白田老師は、提唱はお休みされるものの、参禅は休まれませんでした。

5：00　起床
5：30　坐禅
6：30　参禅（入門しているものが老師に独参する）
7：00　朝食
8：15　作務
10：30　坐禅
11：30　参禅
12：00　昼食
14：00　作務
16：30　坐禅

17:30　夕食

18:50　講本下読み

19:30　提唱（老師による禅的な講義）

講後、参禅

22:00　開枕（就寝）

人間禅道場は在家のための道場ですから、朝の起床時間は、午前5時と常識的な時間に設定されています。また、老師の提唱（禅的な講義）も、午後7時半からと仕事をしている人も参加しやすくなっています（私は、円覚寺の学生摂心会にも3回参加いたしましたが、起床午前3時、就寝午後9時で、提唱は午前中にあるという社会人には参加が難しい日課になっていました）。

夜は、一応、午後10時に日課が終わって就寝時間になりますが、やる気のある多くの参加者が夜坐《やざ》といって、夜も思い思いに坐禅をします。夜坐は強制ではなく、自由参加ですが、逆に何時まで坐禅するのも自由です。私は、あまり体力がなく、睡眠不足になるとてきめんに集中力が落ちるので、たいていは午前1時頃までには寝るようにしていました。

たまに徹夜で朝まで夜坐をするときもありましたが、翌日は、かえって坐禅にならないことが多かったので、あまり無理をせずに、大体午前1時前に、遅くとも午前2時には就寝していました。人間禅の摂心会に参加する入門学生（公案をいただいている学生）としては早寝の方だったと思います。

人間禅道場の摂心会は、通常、社会人が参加しやすいように土曜日の夕方に始まって、翌週の土曜日の昼過ぎ頃に終わります。社会人の場合は、仕事がありますから、平日は交代で休みを取りつつ、休みを取れない日は、朝は道場から出勤して夜は道場に泊まって1週間を過ごします。

当時の大学の文系学部は、「大学のレジャーランド化」といわれた時代で、まったくいい加減でしたから、私を含め多くの文系学生は、大学を1週間休んで、「門外不出」と称して、修行三昧《ざんまい》の1週間を過ごします。摂心会中は、夜坐も含めると、毎日10時間以上坐禅し、食事と睡眠の時間以外は、作務《さむ》といって、草取りや掃除など作業をしながらも、一切無駄なおしゃべりをせずに、公案三昧《ざんまい》、坐禅三昧の状態になります。これがとても良い修行になり、体が慣れてくると、摂心会が次第に楽しくなってきました。もっとも、参禅は、相変わらず、叱られてばかりなので、とても楽しいといえるレベルではありませんでした。

6　私の見性《けんしょう》体験

「本来の面目」の公案が通って大喜びする

「本来の面目」の公案をいただいてから4回（約4週間）の摂心会に参加して、いよいよ、頭で出せる答えは全て出尽くして、答えがまったく出なくなりました。頭で考える答えが出尽くしてからが、本当の参禅といえます。いよいよ、私の参禅も佳境に入ったのでした。正式な入門から5回目の摂心会が、大学4年生（1983年）11月の擇木《たくぼく》道場でありました。その時には、もはや公案の答えを出そうという気持ちもなくなりました。ただ、1日中、公案三昧となって、参禅の時間になると自動機械のように老師の前に行って、叱っていただくという毎日になりました。答えを出そうという気持ちを捨てて、ただただ、老師に叱っていただくために参禅にいくという気持ちになったとき、不思議と参禅が苦にならなくなりました。

坐禅を始めてから1年3か月余りたち、「本来の面目」の公案をいただいてから、約半年後の1983年11月の摂心会の6日目、木曜日の夕方のことでした。いよいよ参禅の時間が近づき、夢中になって坐禅をしていると、突然、「本来の面目」の答えが分かったのでした。

参禅の時刻になり、老師の前にいって、見解《けんげ》を呈すると、老師は「よし」といって、初めて、肯定してくれました。臨済宗でいう見性《けんしょう》のときでした。最初の公案を透過すると、直ちに同趣旨の公案を与えられ、その公案も翌日には答えが分かり、透過いたしました。

私は、道場でも「見性した」と認められ、土曜日の摂心会終了後の懇親会では、皆さんから「おめでとう、おめでとう」と祝福されました。

臨済禅の最初の公案を「初則《しょそく》」といいますが、昔から大変難しく、また最も大事な公案とされています。迷いそのものというべき相対的な知見を徹底的に否定し尽されて、ようやく答えに自ら気が付いたときには、また、それを老師が認めてくれた時には爆発的にうれしかったことを覚えています。「手の舞い、足の踏むところを知らず」という古語がありますが、踊りだしたいような大歓喜の時でした。

見性後に本気で禅の教えを信じる気になる

しかし、私は、それでも、まだ心の底では、その見性体験を疑っていました。受験勉強などでも、苦しい勉強を乗り越えて、志望校に合格した時は、それはうれしいものです。でも私の場合、その喜びも一瞬であり、すぐに虚無感と憂うつが襲ってきたものでした。

今回の見性体験も、その一種かもしれないと思うと、私は、やはり不安でした。熱心に坐禅に取り組んでいたとはいえ、それは、逃避的な側面もありました。坐禅に、公案に取り組んでいるときは、日常の心の苦しさ、実存的な悩みを忘れることができたからです。しかし、「何のために生きているのか」という問いが、頭から離れたことはなく、根本的な虚無感は解決されていませんでした。

さて、11月の摂心会が終わり、習慣になっていた家での日々の坐禅をしていた時です。ふと気が付くとあれほど悩まされていた生きることに対する虚無感、憂うつ感、不安感が心からきれいにぬぐいさられていることに気が付きました。むしろ「自分は、生かされて生きている」「生きていることがありがたい」という静かな喜びがふつふつと心の底から湧いてくるのです。

最初は錯覚かと思いました。なにしろ、客観的な状況は何も変わっていないのです。大学は相変わらず、自主休学中で、戻る気になれず、いつ中退しようかという状態です。今でいう「フリーター」もしくは「ニート」まっしぐらの状態に変わりはありません。

しかし、1週間たち、2週間たっても、「生かされていることの静かな喜び」は消えません。坐禅をしているときだけではなく、普段の日常生活の中でも、なぜか毎日が楽しいのです。2週間ほどたった時でしょうか。ようやく疑り深い私も、見性体験によって、自分の中で何かが変わったことをはっきりと認めることができました。

その時に、初めて、私は、本当の意味で禅の教えを信じる気持ちになったのです。「古人《こじん》は我を欺《あざむ》かず」（昔の人は、私をだまさなかった）という言葉を白田《はくた》老師は提唱中にたびたび言われましたが、その意味がようやく私にも分かったのです。その時、静かに涙がほほをつたい、自室で、老師のご自宅と思われる方向に向かって、一人で礼拝《らいはい》（五体投地の礼）を三度して、禅と巡り合ったことの幸運に心から感謝いたしました。

とはいえ、私の見性体験は老師の境涯から見れば、まったくの初歩的な水準に過ぎないことも、よく理解できました。少しでも山を登れば、山の頂上の高さが平地にいるときよりもいっそう切実に感じられます。同時にせっかく這い出た心の暗闇にまた舞い戻るのはごめんだと強く思いました。そのため、見性体験をより深めるために見性前よりもさらに熱心に禅の修行に取り組むようになりました。

7 見性《けんしょう》後にますます禅に夢中なった20代

年に10週間くらい摂心会に参加する生活を続ける

本来ならば、見性直後からでも大学に復学できるほど、精神的には立ち直っていたのですが、禅体験を深めたい一心で、さらに1年、休学期間をのばして、大学4年の12月から、大学5年の3月までに15回（約15週間）ほどの摂心会に参加しました。

修行が進むにつれて、摂心会に参加することがどんどん楽しくなり、毎月のように開催される白田老師の摂心会には、時間とお金が許す限り、なるべく参加するようにしていました。大学6年から早稲田大学に復学しましたが、文系の大学は年に半年は休みのようなものですし、また、大学の授業がある時期も、摂心会の時は大学を休んで、年に10回（10週間）程度、摂心会に参加する生活をしていました。さらに、早稲田大学を7年半かかって卒業した後も、学習塾や高校の非常勤講師をしながら、きちんとした就職をせずに、年収200万生活で、年に8回（8週間）から10回（10週間）以上も摂心会に参加する生活を28歳まで続けました。

20歳の時に初めて摂心会に参加して、28歳のときに公認会計士試験に打ち込むために、

2年半ほど摂心会への参加を控えるまで、約8年間に80回余りも摂心会に参加し、合計80週間以上を人間禅道場の摂心会で過ごしました。20代の私にとっては、摂心会で修行することは、最高に幸せな充実した時間でした。

その間、大学8年生になった4月に、人間禅道場の大先輩でもあり、早稲田大学の大先輩でもある宮寺教観《みやでらきょうかん》さんと一緒に、早稲田大学に「清風会」という禅サークルを作り、毎週1回の坐禅会を早稲田大学のそばの和室を借りて行いました。

宮寺教観さんは、当時、60代前半で、京華学園高校の教頭や理事を歴任された方でした。最初は、早稲田大学の理工学部に入ったものの、学生時代に人生問題に悩み、早稲田大学文学部の哲学科に入り直したという方です。毎週、私たちと一緒に坐禅をして、坐禅の後は、茶話会、さらに飲み会まで付き合ってくださり、滋味あふれるお話をたくさんしてくださいました。

清風会に参加するのは、学内にはったポスターを見て集まってきた数人から10人程度の学生たちですが、皆さん宮寺教観さんのお人柄とお話に魅せられて通ってくる感じでした。そのような活動を3年間やった結果、数名の学生が人間禅道場に入門し、見性する者も出てきました。そうなるとOBである私が主催するより、学生禅者に運営してもらった方が坐禅会も活気が出ます。そこで、私は後輩に清風会を任せて、公認会計士試験に取り組むことになりました。そのとき、すでに28歳になっており、入学から10年かかって、名実ともにやっと早稲田大学を卒業した感じがしました。

禅の修行に必要な「スコラ」（暇な時間）

１９８０年代は、前半はジャパンアズナンバーワンといわれ、後半はバブルを謳歌した戦後最高に景気の安定した10年間でした。そのような時代だからこそ、あまり就職や生活のことを考えずに坐禅に夢中になれたのだと思います。当時20代の人は「日本では、何をしていても、食べていくことには困らない」という幻影を持って生きることができました。それは、バブル崩壊によって、幻影であることがわかりましたが、当時は、バブル崩壊後、20年にも及ぶデフレ社会が到来するとは、誰も考えていませんでした。

白田老師は、「禅の修行にはスコラが必要だ。スコラとは、ギリシャ哲学の用語だが、本来は『暇な時間』という意味である」ということをお話になっておられました。

私は、日暮里駅前にかかっていた１枚の看板をきっかけに臨済宗系の公案禅とご縁ができて、見性体験をすることもできました。それを深めるために、20代のうちに80週間くらいを摂心会で過ごすことができました。様々なご縁により、また、禅の修行に理解のあった両親のおかげで、20代の時に坐禅に夢中になれる「暇な時間」（スコラ）を持てたことは、大変幸運で、幸せなことであったと深く感謝しております。

第二章　禅の効用について

1　禅の効用とは？

この章では、禅の効用について、医学的側面、心理学的側面など、20世紀以降の知見を参考にしつつ説明します。

3つの効果が期待できる

一般に瞑想法の効果を大きくまとめると、以下の3つになるといわれます。禅も、広い意味では瞑想法の一種ですから、当然、これらの効果があります。

(1)　健康増進効果

良い姿勢で深く静かな丹田《たんでん》呼吸をすることで、深い休息がとれ、心がくつろぎ、ストレス解消になります。その結果、心身の調子が良くなり、健康が増進します。

(2) 自己治癒効果

自律神経(交感神経と副交感神経)のバランスがとれ、体の免疫力が上がり、自分で自分を癒すことができます。うつ病や胃潰瘍、高血圧などストレスと深い関係のある病気の治療と予防に役立ちます。

(3) 自己発見、自己超越効果

坐禅を通して、無意識の世界に関する認識が深まり、普段では気が付かなった「高次の自分」(禅では「仏性《ぶっしょう》」といいます)を発見するという効果です。その結果、自己超越的な深い精神的な体験ができるという効果があります。

「(1) 健康増進効果」と「(2) 自己治癒効果」は、「体に対する効果」です。ストレス耐性を高めたり、自分で自分を癒す効果です。

「(3) 自己発見、自己超越効果」は、「心に対する効果」で精神性を高める、深めるという効果です。私が禅を学んでいる人間禅道場では、「人間形成のための禅」という言い方で、この側面を修行の眼目としています。

まず、体に対する効果から説明しましょう。

2　体に対する効果

坐禅中は脳波がアルファ波になる

禅の「体に対する効果」については、昭和30年代から40年代にかけて、平井富雄博士（日本精神神経学会元理事長、平成5年没）が、曹洞宗の澤木《さわき》興道《こうどう》老師などの協力を得て、坐禅中の脳波や心拍数を測定し、血液検査まで行って画期的な研究成果を上げています。

人間が起きて活動しているときには、通常、ベータ波という脳波が出ています。目を閉じて心身ともにリラックスするとアルファ波というベータ波よりも遅い脳波が出て、睡眠時には、アルファ波よりもさらに遅い、シータ波やデルタ波が出てきます。

緊張してイライラ、クヨクヨしているときは、目を閉じて安静にしても、ベータ波が出ている状態であり、アルファ波が出ているときは、悩みや緊張から解き放たれた安定した精神状態であることを示しています。

平井先生の研究によれば、指導者クラスの禅僧は、坐禅中に半眼といって薄目を開けて意識がはっきりしているにもかかわらず、坐禅開始から1分程度でアルファ波が脳全体から出ていることが分かりました。中には、目が覚めているときには出るはずのないシータ波まで出る禅僧もいました。さらに、アルファ波は、坐禅終了後も余韻としてしばらく残り、中には30分の坐禅のあと5分以上もアルファ波が続いた禅僧もいたそうです。

坐禅の経験年数の異なる様々な人たちの脳波を研究すると、坐禅に熟達するにつれて、アルファ波の出方が大きくなることも分かりました。つまり、坐禅によって、アルファ波の出るリラックスした状態を作り出せることが医学的な実験によって検証されたわけです。

平井先生は、睡眠と坐禅との違いを確かめるために、脳波だけではなく、皮膚の電気抵抗の変化（精神電気反射）を観測しました。そうすると、坐禅中は、外部からの音など刺激に敏感に反応することがわかりました。睡眠中はそのような反応はありませんから、これは、明らかに睡眠とは異なる状態です。そのうえ、通常目が覚めているときには、同じ刺激を繰り返すとすぐに慣れて無反応になるのに対して、坐禅中は刺激に対する慣れがなく、常に新鮮な反応をすることも分かりました。

つまり、坐禅中は、睡眠に近い平静な状態を維持しながら、脳活動の新鮮さが保たれているということです。ちなみに、インドのヨガの指導者の脳波の場合は、外部の刺激に対してまったく無反応になるそうです。瞑想中に脳活動の新鮮さが保たれるというのは禅特有の現象として、世界の脳研究者を驚かせたそうです。自然界の野生動物は、どんなに休息しているときでも、身に危険が迫れば直ちに反応します。坐禅中の脳波は、人間が本来持っている自然な姿を引き出しているといえるでしょう。

自律神経も活性化する

さらに、平井先生は、自律神経と坐禅との関係を調べるため、坐禅中の禅僧の血液を採取して検査しました。その結果、坐禅中に乳酸の量が減っていることがわかりました。乳酸が減るということは、肉体的な疲労が回復していることを示します。

自律神経には、活動型の交感神経と休息型の副交感神経があります。昼間の活動中は、交感神経が大いに働きますが、その分、疲労がたまり、血液中には、乳酸がたまることになります。それが睡眠中に副交感神経が働いて体の老廃物を除去して疲労を癒してくれます。

健康には、交感神経と副交感神経のバランスが取れていることが大事です。しかし、不眠症の人の場合は、副交感神経の活動が落ちて、疲れ切った交感神経がオーバーワークになり自律神経のバランスが崩れている状態になります。そういう状態が続けば、うつ病などさらに重大な病気につながるおそれがあります。

その点、坐禅中は、目が覚めている状態で、また、坐禅の姿勢を維持するというアイソメトリック（静的）な運動をしているにもかかわらず、休息型の副交感神経の働きが活発になっていることがわかりました。

坐禅中の交感神経の働きについては、どうでしょうか?

平井先生は、心拍数と呼吸の回数を調べました。呼吸の回数は、当然、減ります。私たちは、日常生活の中では、普通、1分間に17回から18回の呼吸を無意識にしているそうです。坐禅中は、静かで深い丹田呼吸をしますので、1分間の呼吸回数は、5回程度に減ります。

呼吸回数は、個人差があり、10年以上坐禅を習慣的にしている方でも、1分間に8回程度の呼吸回数の方もおられますし、逆に1分間に1回しか呼吸をしないという方もおられます。私の場合は、その日の体調にもよりますが、大体、1分間に3回程度の呼吸回数です。いずれにしても、日常生活に比べれば、呼吸回数は、大幅に減ります。その分、1回あたりの呼吸は自然に深く大きくなるので、脳には十分な酸素が行きわたっています。

心拍数については、普通は、1分間に60回から70回程度の心拍数だそうです。平井先生が、禅僧の平常時の心拍数と坐禅中の心拍数を比較すると、心拍数については、坐禅中に1割程度、増えることが分かりました。心拍数を上げるのは、交感神経の働きです。坐禅の姿勢を維持するのも、意識的に丹田呼吸をすることも、交感神経の働きをより活性化することになります。

坐禅によって、自律神経のバランスが良くなれば、免疫細胞が活性化して免疫力もアップします。そこで、禅には、「健康増進効果」「自己治癒効果」があるといわれます。最近の有田秀穂《ひでほ》先生（東邦大学医学部生理学教授）の研究によれば、「坐禅が心のリラックスを導き、心身の元気を生み出す」という生理的メカニズムに、セロトニンという脳内の神経伝達物質の働きが深く関与していると指摘されています。

脳内にセロトニンが適量に分泌されていれば、ドーパミンやノルアドレナリンなど他の脳内神経伝達物質の暴走を防ぎ、脳全体のバランスを整え、心に平静をもたらします。有田先生によれば、セロトニン神経を活性化させる原動力がリズム性の運動であり、具体的には、歩くこと、咀嚼《そしゃく》すること、腹式呼吸することの3つが最も簡単にできるリズム運動であるということです。坐禅中は丹田呼吸といって、ゆったりとしたリズムの腹式呼吸を意識的に行いますが、それがセロトニン神経を活性化することにつながり、体に対する良い効果をもたらすのです。

3　簡単にできる禅的瞑想法「イス禅」

坐禅で脳神経が活性化する

有田秀穂《ひでほ》先生は、セロトニン神経を活性化するリズム運動として、坐禅を推奨されていますが、坐禅以上に簡単に誰でもできるのがイスに腰掛けて行う「イス禅」です。もちろん、禅の修行を深くやろうと思えば、座布団の上で、結跏趺坐《けっかふざ》や半跏趺坐《はんかふざ》など仏像と同じような坐り方をして、本格的な坐禅をする方が効果的です。私も、学生時代に人間禅道場にご縁ができてから、ずっと普通の坐り方の坐禅をしてきました。また、早稲田大学に学生のための坐禅会を設立して、3年間、毎週、学生に指導したときも、もっぱら普通の坐禅を指導しました。人間禅道場でも、初心者の方に普通の坐禅を指導しています。

しかし、それらの経験から言いますと、イス生活が当たり前になった現代人にとっては、坐禅本来の正しい姿勢（坐相）を保つことは、かなりつらいものであるということです。たいていの初心者の方は、坐禅特有の足の組み方をするだけで膝や腿がかなり痛みます。また、最初の10分くらいは何とかなっても、じきに足がしびれてきて、さらに痛みが増します。そのような痛みに耐えながら、3か月なり半年なり訓練すれば、やがて誰でも、

40分~50分程度の坐禅ができるようになります。

禅仏教では、足の痛みをこらえて、正しい坐禅の姿勢（坐相）を手に入れることも大事な修行の一環ですが、これは、セロトニン神経を活性化しようと考えて坐禅に取り組む一般の方にとっては、かなりの苦行でしょう。

さらに、困ったことには、初心者の方の場合、足の痛みに気を取られて、肝心の背すじが曲がったり、体が左右に傾いたりして、丹田呼吸という坐禅の腹式呼吸が十分にできないことになります。

禅的な瞑想法で最も大事なポイントは、丹田呼吸という、ゆったりとしたリズムによる腹式呼吸をすることです。同時に、姿勢においては「腰骨を立てる」という点が大事です。禅における「腰骨を立てる」とは、「背筋を伸ばして、腰を少し後ろに張り出すようにする」ということです。腰を後ろに張り出すように意識することで、へそ下三寸にあるといわれる「丹田」というツボが自然と刺激されます。

したがって、「腰骨を立てる」姿勢をとって、ゆったりとしたリズムによる腹式呼吸をすることができれば、イス禅も坐禅も同じような効果が得られます。

一般の方が禅に取り組む目的は、禅によって瞑想効果を得て、心が本来持っている力を引き出すことでしょう。ところが、坐禅の場合は、普段することのない特殊な姿勢であることもあって、肝心の「腰骨を立てる」ことができず、十分な瞑想効果を得られない方が多いのです。いったん正しい坐相を身につければ、一人で部屋の中でできる坐禅も、坐相を身につけるために時間がかかるのが、坐禅の難点です。

「イス禅」でも十分な効果がある

そこで、忙しいビジネスパースンにお勧めしたいのが、イスに腰掛けて行う「イス禅」です。これは、イスに腰掛けて、足を組まないという点をのぞけば、普通の坐禅と変わりません。私は、一般的なビジネスセミナーでイス禅の指導をさせていただいておりますが、ほとんどの方が、最初から、かなり良い姿勢で坐ることができます。セミナーで指導を受けて、後は、毎日10分でも家でイス禅をやれば、1～2週間で姿勢が安定してきます。足がしびれたり、痛んだりという苦痛を我慢する必要もありません。

ただでさえ、ストレスの多い現代人にとって、痛みという肉体的ストレスを感じることなく、心身を活性化できるイス禅は、良い方法であると思います。「イス禅」と坐禅とは、初心者のレベルでは効果に差はありません。坐禅で観察されたようなアルファ波が出て、自律神経やセロトニン神経が活性化する効果が「イス禅」にもあります。もちろん、禅の修行をより深く行うためには、正統な指導者の下で坐禅をすることが一番ですが、見性のような「悟り」体験を期待しなければ、「イス禅」で十分に心の安定と癒しの効果が得られます。

イス禅は、イスがあって比較的静かな環境であれば、自宅でも、昼休みのオフィスでもできるので、忙しい方でも続けやすいでしょう。

4　心に対する効果

仏教には2千年も前から深層心理学があった

次に禅の心に対する効果（自己発見、自己超越効果）について説明いたしましょう。それには、仏教の深層心理学というべき「唯識《ゆいしき》思想」から説明するのが良いと思います。

禅仏教の原型は、インドで生まれたものかもしれませんが、現代に伝わる禅宗は、抽象的な思索よりも現実的な実践を重んじる中国で発展し、日本で磨き上げられたものです。

そのため、理論的な説明があまりありません。「禅問答のようだ」といえば、「（部外者には）訳が分からない」という意味になっているほどです。

しかし、仏教が生まれたインドは、大変、哲学的、思索的な傾向が強い国です。

そのため、心のあり様について、たくさんの仏教者が何百年にわたって哲学的な考察を重ねてきました。お釈迦様が紀元前4世紀にお亡くなりになられてから、数百年して、インドに大乗仏教がおこりました。その中で、唯識《ゆいしき》仏教という思想は、大乗仏教の深層心理学というべきもので、心のあり方について深い考察がなされています。

驚くべきことには、西洋においては、20世紀になって、フロイトやユングによって発見された無意識の世界について、紀元4世紀くらいに、唯識仏教では、すでにユングと同じような考察をしていました。

禅では、悟り体験について「八識田中《はっしきでんちゅう》に一刀《いっとう》を下《くだ》す」という表現を使います。

ここでいう「八識《はっしき》」が唯識思想の用語です。禅仏教も、インド仏教の唯識思想によって理解できる面がありますから、唯識思想を通して、仏教の深層心理学を説明しましょう。

唯識仏教の深層心理学

唯識では、人間の心理を8段階に分類します。

まず、誰もが認識できる表層心理として、「眼識《げんしき》」「耳識《にしき》」「鼻識《びしき》」「舌識《ぜっしき》」「身識《しんしき》」の「五識《ごしき》」があります。これは、感覚のことで、それぞれ「視覚」「聴覚」「嗅覚」「味覚」「触覚」にあたります。

次に、第六識として「意識《いしき》」があります。

一般的にいう意識は、感覚、知覚、思考などによる人間の心の働き全体を意味するのに対して、唯識でいうところの「意識」は、学問的には、「五識」であらわされる感覚とは区別された心の働きをいいます。とはいえ、私たちのような普通の生活人にとっては、厳密な区別はあまり意味がありません。一般的にいう意識と、ほとんど同じものであると考えてよいでしょう。

次に、第六識「意識」の下に、第七識「末那識《まなしき》」と第八識「阿頼耶識《あらやしき》」があります。「五識」の感覚と第六識「意識」が誰でも認識できる表層心理であるのに対して、第七識「末那識」と第八識「阿頼耶識」は、深層心理にあたります。そのため、普通はその存在を認識できません。

唯識思想を作り上げたインドの仏教者たちは、坐禅やヨーガによる深い禅定《ぜんじょう》体験をすることによって、人間の深層心理に気が付きました。そして、現代に生きる私たちも、坐禅や各種の瞑想法によって、深層心理に気が付くことができます。これが深層心理だと明確に気が付かなくても、禅によって、深層心理、あるいは潜在意識が浄化されて活性化しますので、心の活力が自然に上がることになります。そうなると、自分の中で何かが変わりつつあることに気が付きます。

第七識「末那識」は、先天的に備わり、かつ、心の深層で働く自我意識です。唯識仏教では、無意識の中のエゴの心であると捉えています。利己心、我執というものが無意識の世界である「末那識」において常に働いているわけです。自分個人の枠内で働く無意識という意味では、ユングのいう「個人的無意識」に近いものと考えて良いでしょう。

「個人的無意識」は、個人の夢や願望の根源でもありますから、一概に悪いことばかりではありません。ただ、心の浄化によってお釈迦様のような仏の境涯になることを目的とする仏教においては、自分にこだわること自体を成仏の妨げと捉えるので、「末那識」について否定的な見方が強調されています。

第八識「阿頼耶識《あらやしき》」は、五識と意識、末那識までの七識を生ずる根源的な心であり、自然界を含めたあらゆる存在を生み出す「種子《しゅうじ》」を納めた心です（ちなみに「種子」を唯識仏教では、「しゅうじ」とよんで、植物の種と区別しています）。

阿頼耶識は、自分で何かを考えるという働きはなく、意識や末那識の働きの結果を受け取り、納めていく蔵のような存在であるとされ、別名「蔵識《ぞうしき》」とも言われます。私たちが何か経験をすれば、その経験がすべて「種子」として「阿頼耶識」に残るのです。

その「種子」が、何かの縁に触れて現実世界に現れてきます。

それを「現行《げんぎょう》」といいますが、「現行」が起きると、それがまた、「阿頼耶識」の中に「種子」をとどめていきます。これを「薫習《くんじゅう》」といいます。

人間が感じたこと、考えたこと、それらがすべて、阿頼耶識の中に薫習されるのです。阿頼耶識に何を薫習しているかによって、人格も変われば、その人の見える世界も変わってきます。結果的にその人の人生が大きく変わります。

すべての情報を蓄える「阿頼耶識」

阿頼耶識《あらやしき》は、唯識では、「無覆無記《むぶくむき》」といわれます。「無覆《むぶく》」とは、まったく汚れがないという意味です。「無記」とは、善でも悪でもない、無色透明なものという意味です。どんな善行をしようが、悪行をしようが、人間の命の根源である阿頼耶識は、常に汚れなく、善悪に染まることもないのです。人間の命の根源が無色であるということは、過去に犯した罪が許されているという意味でもあります。人間は誰もが、阿頼耶識のレベルでは、お釈迦様のような仏の境涯にたどり着ける可能性を所有しているわけです。

仏教では、「善因善果、悪因悪果」といって、善いことをすれば善い結果が起こり、悪いことをすれば悪い結果につながるという因果の法則を大事にします。阿頼耶識《あらやしき》が無色透明で汚れなき存在であっても、悪い種をまき続ければ、悪い結果が引き起こされますし、善い種をまけば、善い結果が起きます。

ちなみに、個人的無意識にあたる「末那識《まなしき》」は、「有覆無記《うぶくむき》」といわれます。善か悪かといえば、善でも悪でもない無色なものという意味で、「無記」です。しかし、「有覆《うぶく》」とは、汚れがついているという意味です。「末那識《まなしき》」は、自分にこだわる無意識である、我執であるという意味で、「阿頼耶識《あらやしき》」に比べて汚れがついていると考えるわけです。

しかし、「末那識」は、本質的な悪者ではありません。あくまでも、「無記」です。

それどころか、唯識では、「阿頼耶識」は、「末那識」をよりどころとする、つまり、「末那識」に支えられていると考えます。我執というのは、悪く出ればエゴイズムですが、自分で自分を大切にする心は、善い面に出れば向上心につながりますので、それ自体は善でも悪でもないといえるでしょう。ただ、宇宙に向かって広く開けている「阿頼耶識」に比べて、自分にとらわれている分、「末那識」は「有覆《うぶく》」である、つまり、汚れが付いていると見るわけです。

「阿頼耶識」は、個人の枠を超えた無意識であるという意味で、ユングの「普遍的無意識（集合的無意識）」と似ています。しかし、ユングがあくまでも、人間の心の領域として「普遍的無意識」を捉えているのに対して、唯識仏教の「阿頼耶識」は、心だけではなく、物質世界も含めて、自然界全体のすべての存在の情報をおさめたものであると捉える点が異なります。

自然界全体の、いいかえれば、宇宙全体の情報が「阿頼耶識」に蓄えられているといえるでしょう。その点では、アーヴィン・ラズロ博士の提唱される「アカシック・フィールド」と同じ性格のものではないかと私は考えています。

ただ、見る角度が異なるわけで、ラズロ博士のように、自然界の物理的、科学的な性質からアプローチすれば、「アカシック・フィールド」と捉えることができ、仏教のように人間の深層心理からアプローチすれば、「阿頼耶識《あらやしき》」と捉えることができるということです。

瞑想によって深い智慧を得る

トランスパーソナル心理学の世界では、坐禅などの瞑想は、「直観による第三の認識の方法」（第一の認識は、哲学的な思考、第二の認識は科学的な実証）であるといわれます。たしかに、坐禅など各種の瞑想法は、それによって深層心理の世界で宇宙全体のデータベースというべき「阿頼耶識」にアクセスできるという意味で、まさに第三の認識方法です。また、そもそも、人間の心がそのような構造になっていることを体験的に理解できるという意味でも、瞑想は確かに認識の方法であると思います。

お釈迦《しゃか》様は、禅定《ぜんじょう》によって、仏陀《ぶっだ》としての深い悟りを得て仏教を開きました。禅仏教では、禅定によって仏陀の智慧を学んでいくことになります。

皆さんも、イス禅を毎日10分間～20分間程度行い、それを3か月程度続けていただければ、自分の心境に変化があらわれることに気が付くと思います。脳科学的には、セロトニン神経が活性化したからという説明になるでしょう。

しかし、私としては、イス禅という瞑想法によって宇宙全体のデータベースというべき「阿頼耶識《あらやしき》」にアクセスできるひと時を持てたからであると解釈しています。

このような効果を端的にいえば、自分の心の姿を瞑想を通して知るという意味で「自己発見」です。また、そこで発見される自己とは、「俺が俺が」という小さな自我ではなく、宇宙全体とつながっている「大我」です。少なくとも禅では、誰もが持っている心の本体を「仏性」と呼んで、そのような宇宙大の心であると捉えます。禅を欧米に広めた鈴木大拙博士は、それを「宇宙的無意識」と呼んでいます。自分の心が宇宙全体にまで広がっていることを実感できるので「自己超越効果」というわけです。

さて、「阿頼耶識」は、アーヴィン・ラズロ博士の提唱される「アカシック・フィールド」と同じようなものではないかと書きましたが、「アカシック・フィールド」のことをご存じない方も多いでしょう。そこで、次に「アカシック・フィールド」について、その概要を説明したいと思います。

5　ラズロ博士の「アカシック・フィールド」

アーヴィン・ラズロ博士の略歴

アーヴィン・ラズロ博士の「アカシック・フィールド」仮説の内容を説明する前に、ラズロ博士の略歴をご紹介しましょう。

ラズロ博士は、１９３２年ハンガリー生まれです。世界賢人会議「ブダペストクラブ」の創設者・会長であり、「システム哲学」と「一般進化理論」の創始者としても知られ、70冊を超える著書、４００以上の論説や研究論文を発表しています。

ニューヨーク州立大学教授、ベルリン国際平和大学理事、ユネスコ事務局長顧問などを歴任し、国連調査訓練研究所（ＵＮＩＴＡＲ）所長として発展途上国が抱える課題の解決に取り組み数々の実績をあげ、２００４年度ノーベル平和賞候補にノミネートされました。ラズロ博士が主催するブダペストクラブにはミハイル・ゴルバチョフ（元ソビエト大統領）、ダライ・ラマ（法王）、アーサー・Ｃ・クラーク（作家）、ピーター・ガブリエル（音楽家）など、ノーベル平和賞受賞者を含む50人を超える世界の賢人が参加し、より良い未来を作るための提言を行っています。ラズロ博士は、映画「地球交響曲第５番」にも出演しておりますので、御存知の方も多いかと思います。

この略歴だけ見ても、ラズロ博士が、世界的に一流の科学者・思想家・哲学者として高く評価されていることがよく分かります。

ラズロ博士の方法論は、自ら実験をしたり、数式を用いた科学的な論文を発表するというものではないようです。そのかわり、一流の科学者が発表した論文を検討して、その情報をもとに、学際的な考察を進めるというやり方です。

そのため、ラズロ博士の仮説は、厳密には、科学的な仮説とはいえないのでしょう。特に「アカシック・フィールド」は、現在の科学では、存在を検証することは極めて難しいようなので、科学的な仮説というより、新しい宇宙観、世界観に関する哲学的な思想として理解する方が良いと思います。

「アカシック・フィールド」とは何か?

ラズロ博士の提唱する「アカシック・フィールド」とは、現在に情報を与えて未来への地ならしをする特別な情報場です。物質やエネルギーではなく、情報を保存し伝達し、それによって宇宙規模の結びつきと相関を実現する存在であると説明されます。

「アカシック・フィールド」は宇宙のいたるところにあり、今存在するもの、過去に存在したもの、また、未来に存在するであろうものは、すべて「アカシック・フィールド」に蓄積された情報に影響を受けて出現するものとされます。

「アカシック・フィールド」の存在は、通常の感覚では感知できませんが、禅やヨーガなどの瞑想的訓練を積んだ人や特別な直観が強い人には、感知できるといいます。もちろん、感知のレベルは訓練の度合いにより様々でしょう。私たち普通の人間には、何となくそれらしい存在が感じられるだけでしょう。しかし、世界の聖人といわれるような方々、釈尊、孔子、キリスト、ソクラテスなどは、もしかしたら「アカシック・フィールド」の存在を深く感じ取って、それぞれの言葉で「仏」「天」「神」などの用語で表現されたのかもしれません。

ラズロ博士のいう「アカシック・フィールド」を唯識《ゆいしき》仏教では「阿頼耶識《あらやしき》」と呼び、禅仏教では「仏性《ぶっしょう》」と呼び、ユングは「集合的無意識（普遍的無意識）」と呼んだのではないかと私は思います。ちなみに、インドの『ラージャ・ヨーガ』という書物では「アーカーシャ」と呼んでいるそうで、ラズロ博士はそこから「アカシック・フィールド」と名付けています。

「アカシック・フィールド」が実際に存在するかどうか、直接的な科学的証拠（観測事実）はありません。その正体は、まだまだ不明というべきでしょう。また、「アカシック・フィールド」を想定しなくても、私たちの日常生活にかかわる大部分の自然現象は、科学的に説明できます。しかし、ラズロ博士が「アカシック・フィールド」を提唱し、世界中の多くの人が共感を覚えるようになったのには、科学的な根拠があります。それは、20世紀から21世紀にかけての科学の偉大な進歩により、宇宙や生命の謎がますます深まったからです。

従来のニュートン的な自然科学観、すなわちすべてを物質とエネルギーに還元してその相互作用で、自然を巨大な機械仕掛けのように理解する自然観では、理解できない現象が次々と発見されてきたのです。

ラズロ博士の指摘に従って、それらの謎をいくつか簡単に紹介しましょう。なお、私は、典型的な文系人間ですから、私の科学的知識は、『ニュートン』などの一般的な科学雑誌のレベルです。細かいところは、理解に間違いもあるかもしれませんが、それでも、常識的に考えて、自然界には不思議なことがたくさんあるのです。

ラズロ博士の本のほかに、適宜『ニュートン』などの一般向けの自然科学の雑誌や解説書なども参考にしながら、宇宙や生命の謎を考えてみましょう。

6　宇宙と生命の謎

宇宙は謎だらけ

現在、宇宙論は飛躍的な発展を遂げて、宇宙の年齢もかなり正確に分かってきています。最近の宇宙観測衛星のデータから、宇宙の年齢は１３７億年程度ということが分かりました。１３７億年前にビックバンにより宇宙が生まれ、今日に至った過程がかなり詳しく解明されてきています。

しかし、それでも大きな謎がいくつも残っています。

最大の謎は「ビックバンの前、つまり、宇宙が生まれる前には何があったのか」という問題です。「ビックバン宇宙論」の中にも、いくつか説があるようですが、多くの物理学者は、宇宙が生まれる前は、「無」あるいは「真空」であったと考えているようです。「無」あるいは「真空」の中で、何らかのエネルギーの揺らぎがあって、そこから、突然、今の宇宙が生まれたと考えられています。

宇宙の誕生の瞬間までさかのぼると、そこには、空間も時間も物質も存在しない「無」あるいは「真空」としかいいようのない特異点があらわれます。そのような空間も時間もない世界は、今の物理学の理論では扱えないそうです。当然、それより以前の世界については、何も分かっていません。

ビッグバン宇宙論によると、「無」あるいは「真空」の中に突然「宇宙」が生まれます。それは、原子よりもはるかに小さいものだったのですが、一瞬のうちに、すさまじいスピードで1兆×1兆×100万倍にまで巨大化したといいます。空間が拡大するスピードは、光のスピードよりはるかに速かったのです。これが「インフレーション」といわれる現象です。

それでも、その時点の宇宙の大きさは、まだ、100メートル程度らしいのですが、その中で物質のもととなる素粒子が生まれ、宇宙の大きさが直径1000キロくらいになったときに「ビッグバン」という超高温の灼熱状態になりました。

その時の温度は、太陽内部の温度より何十桁も高い温度で人工的に作り出せる温度ではありません。ちなみに、「無」から宇宙が生まれて、「インフレーション」で巨大化して、1000キロの大きさになり「ビッグバン」が起きるまで、10のマイナス27乗秒しかかかっていないそうです。

私たちから見れば、1秒より何十桁も短い時間ですから、まさに一瞬です。もし、外から宇宙の誕生を見ていた人がいたとしたら、「無」の中から突然、直径1000キロの火の玉が出現したと見えるでしょう。まさに「ビックバン」（巨大な爆発）というべき現象です。

宇宙誕生直後の「インフレーション」により、光よりはるかに速いスピードで宇宙空間が拡大したため、現在の宇宙の正確な大きさは分かりません。人間が観測できる範囲は、光や電波の届く範囲です。その大きさは、宇宙が誕生してからの時間によって制約されます。宇宙ができてから約１３７億年ですから、人間に観測できる範囲は、最大１３７億光年です。現在、１００億光年以上先の銀河などが観測されているそうですが、現在の技術がどんなに進んでも、基本的には、半径１３７億光年以上先の宇宙のことは分かりません。１３７億光年より遠方については、宇宙誕生から現在までに光も電波も地球に届いていないからです。

しかし、半径１３７億光年で宇宙がすべてというわけではありません。

宇宙全体がどれほど広いのか、実は、まったく分からないそうです。無限に広いという説もあれば、空間全体がボールのように曲がっていて、ずっと進むと元に戻ってしまうという説もあるようです。いずれにしても、私たちが生きている宇宙空間は、本当の宇宙全体から見れば、豆粒のように小さな領域のようです。宇宙全体がどのようになっているのか、人間にはまだ分からないのです。

宇宙は「無」から生まれた？

さて、「宇宙」が誕生する前には何があったのでしょうか？

もし「無」から、宇宙が誕生したとしたら、「無」とは何でしょうか？

物理学的には、「無」とは、「空間も時間も存在しない状態」としか定義できないようです。にもかかわらず、「無」は宇宙を生み出しました。

さらに、不思議なのは、「無」から宇宙を生み出して、「インフレーション」を起こしたエネルギーとは何なのか？　という問題です。「無」あるいは「真空」が有する特別なエネルギーを「インフラトン」と呼びますが、そのエネルギーの正体も、まだ分かりません。

実は、現在、私たちが生きている宇宙にも、「インフラトン」と同様の正体不明のエネルギーが働いています。それが「ダークエネルギー」です。

「ダークエネルギー」が発見されたのは、1998年でした。

もともと、ビッグバン宇宙論が生まれたきっかけは、20世紀前半に、遠方銀河の観測によって、宇宙が現在も膨張を続けていることが分かったからです。そこで、逆に過去に時間をさかのぼれば、宇宙はごく小さな点のような存在から始まったはずだという「ビッグバン宇宙論」が生まれました。当初は、反対意見もたくさんあったようですが、その後の様々な観測結果が積み重ねられ、今では、ほとんどの宇宙学者がビッグバン宇宙論を支持しています。

しかし、ビッグバン宇宙論によれば、宇宙は膨張を続けるにしても、膨張のスピードはだんだん遅くなるはずでした。宇宙内にある物質の重力がブレーキになるからです。ところが、１９９８年に、アメリカの研究グループが様々な距離にある銀河内の超新星爆発を利用して宇宙の膨張速度を詳しく調べました。その結果、「宇宙の膨張が加速している」ことが観測事実から分かったのです。

自動車でもそうですが、加速する、つまりスピードを上げるためには、アクセルを踏んでエンジンをふかさなければなりません。何らかの力が働かないとスピードは上がらないわけです。宇宙もそれと同じです。宇宙の膨張スピードを加速させるためには、宇宙空間を押し広げるように働く何らかのエネルギーが宇宙を満たしていることになります。しかも、それは、重力（引力）とは逆向きに働く謎の力です。宇宙の膨張が加速しているという観測事実から、宇宙を押し広げる何らかのエネルギーがあることははっきりしましたが、その正体はまだ分かりません。

そのエネルギーのことを正体不明のエネルギーということで、宇宙論では「ダークエネルギー」と呼んでいます。「ダークエネルギー」の正体は分かりませんが、それは、宇宙空間全体に満ちているエネルギーで、宇宙をどんどん膨張させています。

真空に満ちている謎の「ダークエネルギー」

さらに驚くべきことには、最近の観測結果から、現在の宇宙の成分構成を見ると、人間が観測可能な物質は、わずかに4％程度しかないことが分かりました。

宇宙の全成分のうち、96％は正体不明です。そのうち「ダークエネルギー」が73％、「ダークマター」と呼ばれる、これも正体不明の物質が23％です。

つまり、現時点では、人間が理解できている宇宙の成分は、全体のわずかに4％に過ぎません。宇宙の成分の96％は、まだ正体が分かりません。

ちなみに、「ダークマター」とは、銀河系を今のようなきれいな渦巻き型にまとめている目に見えない物質です。銀河系の中で、光や電波で人間が観測できる物質は、質量（重さ）にすると2割もありません。残りの質量（重さ）の8割以上は、「ダークマター」であるといわれています。

私たちのまわりにも、無数のダークマターがあるはずですが、私たちはその存在に気付きません。科学的に観測できないということは、普通の物質とは反応しないということです。そのため、宇宙を飛んでいる「ダークマター」は、私たちの体はもちろん、地球でさえ通り抜けてしまいます。

「ダークエネルギー」は、「無」から宇宙を誕生させたエネルギーと同じではないかとも考えられています。「無」あるいは「真空」そのものが莫大なエネルギーを持っているらしいということが宇宙の研究から分かってきました。

宇宙の成分の96％は、正体不明です。また「無」あるいは「真空」にも莫大なエネルギーがあるらしいことが分かってきました。それだけでも十分に不思議ですが、それ以上に、私たち人間にとって不思議なことがあります。

宇宙にはなぜ生命が生まれたのか?

それは、現在の宇宙が、物理学的に見て、なぜか人間をはじめとする生命の誕生にとって大変都合の良い環境になっていることです。

物理学では、宇宙には基本的な力が４つあるといいます。そのうち、重力と電磁気力（電力と磁力）の２つは、私たちの生活にとって極めて身近なものです。残りの２つは、素粒子の世界だけで働く「強い力」「弱い力」です。

「強い力」は、原子核を形作る力で、原子核内程度のごく近い距離しか働かないそうですが、その力は、最も強いそうです。「弱い力」も、素粒子の世界だけで働く力で、中性子を崩壊させるなどの働きをするそうです。電磁気力よりも弱いので「弱い力」といいます。

４つの力を単純に比べると、重力だけが格段に弱くなっています。力としては、他の３つの力に比べて何十桁も小さいそうです。しかし、重力は物質の質量に応じて発生しますし、距離に応じて弱くなりながらも、力が無限の距離まで届くので、太陽系や銀河系など宇宙の大きな構造を作る力になっています（距離が２倍になると重力は４分の１、距離が３倍になると重力は９分の１になります）。

実は、ビッグバン宇宙論でいえば、物理学でいう４つの基本的な力が現在の大きさのバランスである必然性はないそうです。なぜ、こういう力の割合になっているのか、明確な理由がありません。しかし、この４つの力のバランスがわずかでも違えば、宇宙の姿はまったく異なるものになります。私たちの地球にこれほど豊かな生命が存在するのも、人間が存在するのも、実は、宇宙を構成する基本的な４つの力が絶妙なバランスを保っているからです。

もし、偶然に宇宙ができたとするならば、このような４つの力のバランスを得られる確率は、それこそ数十億分の一という考えられないほど低い確率だそうです。

そのため、ビッグバン宇宙論を研究する学者の中には、「宇宙は１つではない」と考える学者もいます。私たちを生み出した「無」の世界は、同時に何十億、何百億の宇宙を次々と生み出しているのではないかという説です。

何十億も生まれた宇宙のうち、大部分は、生命が生きることのできない宇宙です。たまたま、何十億分の一かの幸運により、私たちの宇宙は、生命が存在できる宇宙であったという考え方です。あくまでも偶然によって生命の発生できる宇宙を説明するこの考え方は、従来の自然科学観には、うまく合致します。

しかし、本当にそのような幸運な偶然だけで、生命が生まれたのでしょうか？

もしそうだとしても、私たちが生命をいただいたということは、それ自体がほとんど奇跡というべきでしょう。

宇宙も進化している？

ラズロ博士は、現在の宇宙は最初の宇宙ではなく、過去にあった宇宙から「アカシック・フィールド」を通じて情報を引き継いでいるのではないかという説を唱えています。宇宙自体が巨大な生命のように「アカシック・フィールド」の情報を利用して、次第により高度な宇宙に進化を続けているのではないかという考えです。

過去の宇宙における様々な物理的条件が「アカシック・フィールド」の情報を通じて、生命発生に都合の良いように次第に調整されて、今の宇宙ができているというアイディアです。そのように考えれば、私たちが生きているのは、単なる偶然ではなく、十分な必然性を持つことになります。

もし「アカシック・フィールド」が実際に存在し、それに禅などの瞑想によってアクセスできるとしたら、それは、素晴らしいことではないでしょうか。

私としては、将来、科学がよりいっそう進歩して、「アカシック・フィールド」の実態を科学的に解明してくれることを期待しています。しかし、禅などの瞑想をある程度行うと、誰でも実感として「アカシック・フィールド」のような特別なつながりが、宇宙の中に存在するのではないかと自然に感じられるようになります。

現在の自然科学で主流の考え方は、すべてをバラバラの物質的要素に還元して研究する「還元主義的な自然観」です。そのような「還元的な自然観」は、自然や宇宙を巨大な機械のように捉えることになります。「還元主義的な自然観」では、世界を分子・原子・素粒子と、どんどん細かく分けていって、それらの働きの組み合わせで自然を理解しようというものです。自然を精巧な機械細工か、あるいは、化学工場として捉える考え方です。

当然、人間も同様であり、物質の集合体として、精巧な生化学工場と捉えるわけです。最近、急速に進歩している脳科学も、方法論としては同じです。脳の機能を細かく分析して、人間の心を脳を構成するニューロンの働きに還元しようというのが基本的な考え方です。このような17世紀のニュートン以来の自然科学的な手法は、大変な成果を上げ、私たちの生活を豊かにしてくれました。

これからも、自然科学は様々な成果を上げてくれることでしょう。人間の脳の働きについても、いっそう研究が進み、さらに多くの部分が、ニューロンや神経伝達物質の働きで説明できることでしょう。

しかし、人間の意識や無意識を含めた心の全体像が、そのような還元主義的な手法によって、脳内の化学的・電磁的反応ですべて説明できるのでしょうか。

そもそも、38億年前の地球になぜ生命が発生したのか、また物質である私たちの脳になぜ意識や無意識などの心があるのか、今日の科学でも答えは出ていません。

ラズロ博士の「アカシック・フィールド」という未知の情報場を想定すれば、それらの現象には「アカシック・フィールド」がかかわっているということになります。ラズロ博士が提唱する「アカシック・フィールド」によって、宇宙全体が深いところで1つにつながっているという「全一世界（ホールワールド）」という自然観は、宇宙もまた、巨大な生命なのだと捉えています。これは、私たち日本人の伝統的な自然観によく合っていると思います。すべてを物質に還元する現在の自然科学の説明よりも、ずっと魅力的に感じるのは私だけでしょうか？「全一世界」という自然観は、人生をより豊かにしてくれると思います。

7　禅の効用―まとめ

禅は慈悲の心を養う

私のセミナーでは、「阿頼耶識《あらやしき》」のことをあえて「超意識」と読んでいます。それは、「阿頼耶識」が単なる心の枠組みにとどまるものではなく、心と物質の枠組みを超えた存在であると理解しているからです。つまり、「アカシック・フィールド」のような存在であると考えるからです。

人間は誰でも、世界全体、宇宙全体に通じる情報データベースと心の深層においてつながっているというのが、唯識思想の人間観であり、その点では禅仏教も同じです。同時に、ユングの深層心理学やアーヴィン・ラズロ博士の宇宙哲学とも相通じるものであると思います。

そこには、私たち人間にとって、大きな心の救いがあるのではないでしょうか。

人間の無意識の奥深くで、宇宙全体の情報データベースにつながっているとしたら、それだけでも、素晴らしいことです。人間は、誰もが無限の智慧とそこから生まれる無限の可能性を持っているわけです。

ただ、普通は、心が「煩悩《ぼんのう》」によって濁っているため、宇宙のデータベースである阿頼耶識に十分にアクセスできません。そこで、無限の情報を持っている阿頼耶識にアクセスする方法が、坐禅などの瞑想による心の浄化です。坐禅をして心が澄んでくると、知らず知らずのうちに、阿頼耶識にアクセスした状態になります。もちろん、深い無意識の世界のことですから、これが阿頼耶識だと意識できるわけではありません。

しかし、表層心理である意識や感覚の世界が明らかに変わってきます。深いところで、宇宙と自分とがつながっていることが実感できるようになります。それが、心の救いになるのです。大きなストレスに苦しんでいるとき、宇宙が自分を見てくれていると思えれば、ストレスも軽くなります。

禅による「自己発見、自己超越効果」によって得られるものは、心の安らぎと深い無意識から湧いてくる創造性の高まりが挙げられます。しかし、それよりも大事な功徳《くどく》がありま す、それは、「慈悲」の心が養われるという点です。

禅などの瞑想によって、自分が深層心理の世界で、世界中の人とつながり、すべての生きとし生けるものとつながり、宇宙全体とつながっているという感覚が出てくると、自ずと「慈悲」の心が養われます。なぜなら、他人の痛みが他人ごとではなくなってくるからです。

もちろん、慈悲の心にも、程度があることでしょう。お釈迦様のような大慈大悲の心もあれば、日常的な小さな親切心のレベルもあることでしょう。しかし、禅の最終的な目的は、「慈悲」の心を養うことであると私は思います。白隠《はくいん》禅師の言葉を借りれば、「菩提《ぼだい》心《しん》」を育てることです。

人生が「道楽」になる

「慈悲の心」を育てて、毎日を楽しく明るく仲良く暮らすことが、「日日是好日《にちにちこれこうにち》」（毎日が良い日である）という禅の理想に近づくことであると思います。

学生時代に、人間禅道場の山口夕靄《せきあい》老師から、私はこのように教わりました。「禅の修行は本当の「道楽」だ。真の「道楽」とは「道」を楽しむことだよ」

山口夕靄老師がおっしゃられた「道楽」とは、仏教が考える真の楽しみのことです。山口夕靄老師は、「道楽とは、仏道に従い『正しく楽しく仲良く』生きることである」ともいわれました。

在家で禅を学ぶ者が1つの到達点として目標にすべきことは、「人生が道楽になる」ことであります。楽しみながら「仏道」に適う生活ができるようになれば、それは人生の達人であると思います。

明治時代の剣豪であり禅の達人として有名な山岡鉄舟《てっしゅう》は、別の角度から、達人の境地を和歌に示しています。

「晴れてよし　曇りてもよし　富士の山
　もとの姿は　かわらざりけり」（山岡鉄舟）

山岡鉄舟は、勝海舟と協力して、単身、官軍陣地に乗り込んで、西郷隆盛と直談判し、江戸無血開城の交渉をまとめた人です。維新後は、西郷隆盛の依頼で明治天皇の侍従としても活躍しました。無刀《むとう》流を開創した剣豪であるとともに、京都天龍寺の滴水《てきすい》和尚の印可《いんか》を受けた禅の達人でもあります。中曽根元総理が坐禅をした東京の谷中にある全生庵《ぜんしょうあん》は、山岡鉄舟が明治16年に建立したお寺です。

鉄舟は、「人は、とかく自分の不幸を周囲の環境のせいにしがち」と指摘し、「本来あるべき自分をただ、そのままに生きていけばいい」と説いています。鉄舟の和歌は、天候にかかわらず、常に変わらぬ富士山であるように、私たちもまた、逆境にあっても自分を失わずに堂々と人生を楽しみながら生きていくことを教えてくれる名句の一つです。

山岡鉄舟のいう「富士の山」は、誰もが持っている「仏性」のことであるとも考えることができます。どのような環境にあろうとも、「仏性」は変わりません。

日々の禅修行によって、心にかかる煩悩の汚れを掃除するひと時を持てば、誰もが持っている「仏性」が輝き出して次第に仏様の境地に近づいていきます。その過程そのものが、仏教でいう「道楽」なのだと思います。

それでは、次章で、誰でも簡単に取り組める「イス禅」のやり方をご説明いたしましょう。

第三章　イス禅のすすめ

1　イス禅の魅力

巨大で複雑であるがゆえに不安定な現代社会

巨大システムとなった世界経済および日本経済は、時として想定外の大異変に襲われることがあります。複雑系の科学では、巨大システムは必然的に不安定性を持つことを教えてくれています。事実、過去20年間の世界経済を見ると、何度もバブル的な好景気とバブル崩壊による急激な景気悪化を繰り返してきました。自然界についても、東日本大震災のような巨大な災害が起こることもあります。

このように一見安定しているように見えても、実際にはいつ大変動が起こるかもしれない世界に生きている私たちにとっては、ますます心の安定が必要な時代になったように思います。心により所を持ち、ぶれない精神性を持っている人の方が、環境の激変に適切に対処できるので、長期的には、経済的物質的な安定にもつながるのではないでしょうか。

日本経済を築いてきた過去の人々を見ても、多くの偉大な経済人は、より所となる思想や哲学をしっかりと持っていたように思います。

たとえば、明治から大正にかけて大活躍した渋沢栄一（東京商工会議所初代会頭）は、『論語』の教えをより所としていました。渋沢栄一の『論語と算盤《そろばん》』は、今日においても多くの人に読み継がれています。

また、昭和を代表する経済人である松下幸之助には、たくさんの著作がありますが、その内容は経済のみならず、人間観、自然観、宇宙観に及ぶ広い視野を持っており、まさに「松下哲学」と呼ぶべきものです。

しかし、私たち普通のビジネスパースンにとっては、自分一人で正しい人間観、世界観を確立することは困難だと思います。そのためには、渋沢栄一がしたように『論語』などの古典に学んだり、あるいは松下哲学など先人の教えを謙虚に学んでいくことが必要になるでしょう。とはいえ、21世紀は、情報化の進展とともに、これまで以上に社会環境の変化が激しいので、古典や先人の教えをそのまま現実生活に適用できるかというと難しい問題があります。

古典は、私たちに普遍的で不易《ふえき》なる真理を示してくれていると思いますが、何分、異なる時代を背景に昔の言葉で書かれていますので、そこから、生きた知恵を引き出すには、それなりの勉強が必要です。古典をよりよく読むためには、古典について研究している先人の書を読むなり、あるいは、尊敬できる方を師として学ぶことが必要であると思います。

しかし、先人の教えを学ぶには、その前提として、学ぶ側の主体性や豊かな感性が必要ではないでしょうか。実は、現代のような情報化社会においては、あふれる情報を処理しきれずに、個人の感性がかえって麻痺してくる、あるいは感性が十分に磨かれないというリスクがあるように思います。

心の平安を保つのに有効な禅

不確定性を秘めた変化の激しい外部環境の中で、私たちの感性を磨いていくためには、まず内部環境である「心の平安」を取り戻す時間を持つとともに、感性そのものを磨く工夫が今まで以上に重要な課題になってきています。

そのための方法として、私としては、誰でもできる「イス禅」をお勧めしたいと思います。

心を育てる効果が本格的な「坐禅」にあることは確かです。本格的な禅寺や禅道場に通って、苦労して禅の修行をすれば、修行の苦労に見合う素晴らしい喜びが得られます。

平常心を保てる心の強さと感性が磨かれることを多くの方が実感されることでしょう。

特に正当な師家の指導の下で、公案修行をして、白隠禅師の勧める「見性」体験ができれば、２５００年の伝統を持つ仏教の人生観、自然観、宇宙観の基礎を深く理解することができます。したがって、「見性」体験を目指して本格的に修行することは、心を鍛え、感性を磨くためには最高の方法ではないかと私は考えています。

しかし、本格的な坐禅は、正しい座り方を身につけるまで、かなりの時間がかかります。坐禅の組み方だけならば、たくさんの解説書がありますし、最近はＤＶＤなども出ていますので、それを見れば、理解できるでしょう。

とはいえ、自分一人で坐禅をしていると、初心者は、自分で気がつかないないうちに体が左右に傾いたり、首が曲がったり、背中が丸まったりして、良い坐禅にならないことが多いのです。正しい坐相が身につかないと、坐禅による瞑想効果が出にくくなります。

禅寺や禅道場の坐禅会にかよって、ベテランの指導者の指導の下で坐禅をすれば、坐禅中に警策という木の棒をもった指導者が回ってきて、姿勢を直してくれます。もし、坐禅をするのであれば、最初の3か月から半年くらいは、週に1回なり、あるいは月に1回でも、坐禅会に通って、坐相が身につくように禅僧やベテランの在家の修行者に指導を受けた方がよいでしょう。

近くに禅寺や禅道場がない場合、自己流で坐禅の正しい座り方、すなわち正しい坐相を身につけるのは、けっこう難しいことです。そのうえ、体が坐禅に慣れるまでは、正しい坐相で坐れたとしても、足や腰がかなり痛くなります。私のように体が硬く、胴長短足体型の人間にとっては、最初はわずか30～45分の坐禅でも、地獄のような苦しみでした。

もちろん、経験によって、痛みは次第に和らいでいきます。普通は、半年も禅道場に通えば、45分くらいは、それほど苦しまずに坐禅できるようになります。しかし、イスでの生活が普通になった現代人にとっては、本格的な坐禅は最初のハードルが高いので、取り組みにくいと思われます。

どこでも、誰でもできる「イス禅」

そこで、私としては、忙しいビジネスパーソンには、足が痛まずに、誰でも、すぐにできる「イス禅」をお勧めします。「イス禅」のやり方を覚えて、毎日10分から30分程度行うだけで、相当の功徳《くどく》（禅的な瞑想による効果）が得られます。たとえば、1日10分程度のイス禅を朝晩2回（計20分程度）すれば、3か月から半年で、自分の中で何かが良い方向に変わってくることを感じることでしょう。20分～30分程度のイス禅を寝る前に毎日1回するだけでも、同様の効果が得られます。

イス禅の効果は、詳しくは前章で説明しておりますが、一言でいえば、心の平安と柔軟な感性を兼ね備えた、ストレスに強い「しなやかな心」を養うということです。現代社会は、大変ストレスの強い社会です。適度なストレスであれば、心身の活性化につながることもありますが、過剰なストレスは、うつ病、胃潰瘍、高血圧など、各種の病気の原因になります。病気にまで至らなくても、過剰なストレスの中で、本来の力を十分に発揮できなくなるおそれがあります。

「イス禅」をして、「しなやかな心」を養うことができれば、ストレスとの付き合い方が上手になります。過剰なストレスに勝とうと頑張り過ぎると、それこそ、うつ病になりますが、「しなやかな心」を養えば、ストレスをうまく受け流して、適度なストレスとして対処できるようになります。

さらに、「イス禅」という瞑想法に熟練すれば「宇宙や大自然との一体感」を感じるという得難い体験もできます。人によっては、禅でいう見性体験を味わうことができる人もいるでしょうが、見性ほど劇的な体験ではなくても、禅的な瞑想によって、心に静かな喜びが得られます。それも、イス禅の大きな魅力です。

それでは、誰でも簡単にできるイス禅のやり方を説明しましょう。

2 イス禅のやり方①−調身

イス禅も禅ですから、基本的には、普通の坐禅と同じように、調身→調息→調心という3段階を踏んで行います。私のセミナーでは、皆さんに分かりやすいように「イス禅の3ステップ法」と呼んで説明しています。調身というのは「姿勢を調える」ということです。「調息」は「呼吸を調える」こと、調心は「心を調える」ことです。それぞれにいくつか注意すべきポイントがありますので、順に説明いたしましょう。なお、座布団上で坐禅を組むときと異なるのは、足の形（組み方）くらいであり、それ以外は、イス禅も坐禅も同じです。

硬めのイスに座って背筋を伸ばす

まず、硬めのイスに普通に腰掛けます。禅では、丹田（へその下3寸にあるという体のツボ）を中心に全身の重心がうまく釣り合うように、背すじを伸ばして座ります。浅めに腰掛けて、背もたれにはよりかからないようにします。

背すじを伸ばした状態で10分なり20分なりを座るには、姿勢を維持するために背筋などの筋肉を使います。そのため、坐禅はアイソメトリック（静的）な筋肉運動であるといわれることもあります。慣れないと肉体的に背すじをのばした姿勢を続けることがつらいと感じる方もいるかもしれません。

その場合は、イスと背中の間、腰の上あたりに座布団を二つ折りにしたものやクッションや枕などをおいて、それに軽くもたれるようにすると楽に座れます。

イス禅を毎日やると、姿勢を維持するための背筋などが強化され腰痛予防になりますから、体が慣れてきたら、なるべくクッションなしで、良い姿勢を保つようにすると健康のためにもいっそう良いでしょう。

なお、ソファのような柔らかいイスは、かえって、腰に負担がかかりますので、イス禅のときには、硬めのイスを選んでください。折りたたみ式のパイプイスでも大丈夫です。

足は肩幅くらいに開く

次に足ですが、足は肩幅くらいに自然に開き、足全体を床につけます。かかとを軽く浮かせて、足をイスの下に引くようにしてもけっこうです。イスの高さが低いときは、かかとが浮いて、つま先だけが床に着く形でも、かまいません。腰骨をまっすぐ立てることが禅の姿勢の最大のポイントですので、足の形にはそれほどこだわらなくてもよいのです。

ただし、足が前に出すぎると重心が後ろにかかるので、かえって腰の負担が大きくなり、良い姿勢が保てません。体の重みが腰を中心に、両足と腰との3点で支えられているような感じで座るのがコツです。

足を肩幅に開いて座ることに抵抗感がある人は、両足をそろえて座っても大丈夫です。その場合も、足が体の中心線に平行になるように、足を配置してください。

イスに腰掛けたら、姿勢を調えるために、背すじを伸ばして腕を下に伸ばして、腰掛けたまま「気をつけ」のような姿勢をします。そうすると腰から首までまっすぐに伸びます。その姿勢のまま、肩と胸などの上半身の力を抜きます。

姿勢で、一番大事なことは「腰骨を立てる」ことです。肩や胸やお腹の力を抜いて、腰の上に背骨が一本の棒のように乗って、自然に立っているように意識してください。腰より上の上半身は、余計な力を抜いた自然体です。

なお、「腰骨を立てる」座り方のときは、少しお尻を後ろ側に突き出すような感じになります。普通の「気をつけ」よりは、頭の位置が少し前に出ると思います。その際、口は軽く結んで、舌は上あごの内側につけるようにします。

眼は半眼（薄目を開いた状態）

次に目を半眼にします。イスに腰掛けて、腰骨を立てて「気をつけ」のような姿勢をしてから、首を倒さずに、視線を1メートルから1・5メートルくらい先に落とします。あごを少し引いて1メートルくらい先をぼんやりと見るともなく見る感じです。そうすると自然に、まぶたが半分閉じたような状態になります、なお、あごを少し引くといっても、首は倒さずにまっすぐに立てておきます。首ごと倒してはいけません。

半眼の場合、外から見ると目を閉じたようにも見えますが、実際には、薄目を開けてぼんやりと外界を見ている状態です。ちょうど、仏像の表情のような感じになります。

なお、1メートルくらい先を見るといっても、特定の一点を強く見つめないようにして、ぼんやりと見るともなく見るのがコツです。特定の一点を見つめるとそこに意識が集中しがちです。あとで説明しますが、坐禅中の意識は、呼吸を数えることに集中させます。

目を半眼にするのは、外界からの視覚的な刺激を最小限にしつつ、眠ったり、雑念が起きやすくなるのを防ぐという意味があります。

手は印を組んで丹田の前におく

手は、「法界定印《ほうかいじょういん》」という伝統的な印を組むのが正式なやり方です。「法界定印」は、お釈迦様が悟りを開いた時の印の組み方です。

まず、手のひらを上に向けて、右手の上に左手をのせて、両手の親指の先を軽くつけて、卵のようなだ円形の輪を作るようにします。肩に力が入らないように、手を下腹に引きつけて、手全体を腿の付け根におく感じです。こうしますと、腰から上は、まさに仏像の姿勢になります。

手の印については、「法界定印」はやりにくいという方もいるでしょう。その場合は、「白隠流《はくいんりゅう》」といって、右手の4本の指を左手で握り、右手の親指で左手の親指を押さえるという方法もあります。その場合、右手の親指と人先指で小さな輪を作って、そこに左手の親指を差し込むのが正式なやり方ですが、それほど気にされることはありません。なお、手を握るときはあまり力を入れ過ぎないことと、爪が外から見えないように手を握りこむことがポイントです。

偉い人やお客様の前に恐縮して立つときに、多くの日本人が自然に両手を体の前で組みますが、あの手の握り方の感じです。なお、人によって握り癖があり、右手で左手を握る方がやりやすいという方もいるでしょう。右手で左手を握る方がやりやすいのであれば、それでまったく問題ありません。禅道場では、手の組み方などもうるさく指導されます。道場の流儀に素直に従うことも修行の一環ですから、それはそれで大事なことです。

しかし、在家の私たちが自宅やオフィスでイス禅をする場合は、手の形にさほどこだわる必要はないでしょう。特定の禅道場にいったら、そこの流儀に従う必要がありますが、自宅やオフィスなどでイス禅をやる分には、手の握り方は、白隠流でもその逆でも、どちらでも構いません。私のセミナーでも、やりやすい方でやっていただいております。

大切なことは、イス禅の間は、手をぶらぶらさせずに、丹田の前に手を引きつけて、静かにおいておくことです。

最初に揺身《ようしん》をする

イス禅の姿勢をとったところで、上体をまっすぐにしたまま、まず前後に、次に左右に、初めは大きく、しだいに小さく2～3回揺り動かし、最も安定した位置で止めるようにします。これを「揺身《ようしん》」といいます。前後を省いて左右に揺らすだけでも結構です。

揺身は、上体を安定させるための緩やかな準備体操と思ってください。最終的には体の中心線にまっすぐな棒がお尻から頭まで入っているような気持ちで座ると良いとされています。

なお、揺身には瞑想に入るための1つの儀式としての意味もあると思われます。イス禅が終わったときも、急にイスから立たずに、まず数回揺身をして、心身を瞑想状態から日常の状態に戻すようにします。5分や10分程度のイス禅ではそこまで気にする必要はありません。体が慣れてきて、深い瞑想を味わえるようになれば、瞑想状態から日常生活に戻る儀式として、揺身を数回して、ゆっくりと立ち上がり、軽いストレッチをされると良いでしょう。夜寝る前にイス禅をする場合は、布団やベットにそのまま横たわって眠りに入れるようであれば、それでもけっこうです。

3　イス禅のやり方②－調息

丹田《たんでん》呼吸をする

坐禅の呼吸法は、丹田呼吸といわれています。丹田（へそ下三寸にあるといわれる体のツボ）に息を入れるように深くゆっくりと腹式呼吸をすることから丹田呼吸といいます。丹田呼吸により新鮮な酸素を全身に送り届けることができます。

通常、人は、安静時には1分間に十数回の呼吸をしており、1回の呼吸は５００ＣＣ位の量です。普通の人の肺活量は、３０００ＣＣ以上あるといわれますから、その数分の一で生活できるわけです。人間の体は、潜在的には大変な能力を持っていますが、普段は、それを全開にすることはあまりありません。肺についても同様です。

しかし、坐禅中は、肺の活動を活性化した方が酸素を十分に取り入れることができます。そこで、坐禅に入る前に、肺の活性化のための一種のストレッチとして、「欠気一息《かんきいっそく》」という深呼吸を3回~5回程度行います。「欠気一息」のときは、まず、口を少し開けて、口から肺にあるすべての息を吐ききって、次に、鼻から深く大きく息を吸い込みます。そのあと、「止気《しき》」といって、いったん吸い込んだ息を止めて、息を丹田に落とすつもりで下腹に力を入れて、横隔膜を広げます。それから、また、口から息をすべて吐き出すわけです。

坐禅中は、呼吸をあまり意識しない「自然呼吸」ですが、「欠気一息」のときは意識して息を大きく吸い込む「努力呼吸」になります。これを最初に数回すると、脳に十分な酸素が行きわたり、頭がすっきりするとともに、そのあとの坐禅中の呼吸が楽になります。

仕事が忙しく、疲労や緊張やストレスによる頭の疲れを取りたいときには、立ったまま、あるいは座ったまま「欠気一息」を数回するだけでも、かなりの効果があります。一般的なストレッチと組み合わせて行うとさらに効果が上がるでしょう。

なお、「欠気一息」は、前述のとおり、息を吐くとき口から吐くやり方が普通です。しかし坐禅中は、すべて鼻から息を吸って鼻から吐くので、「欠気一息」のときも、鼻から吸って鼻から吐く方法でもけっこうです。これも、あまりこだわらずに、自分のやりやすい方法で行うのが良いでしょう。

吐く息を静かに細く長く吐くようにする

坐禅中の息は、吸うことより吐くことが大事です。鼻から静かに細く長く時間をかけて息を吐いて、息を吐き切ったら、鼻から自然と息が入って来る感じで息を吸います。ただし、「欠気一息」と違って「止気」はしません。息を止めずに、細く長く自然に吐く息と吸う息がつながるようにします。

坐禅中の呼吸のポイントは、吐く息の方に時間をかけることです。吸う息は吐く息より早く吸う感じになります。また、すべての息を吐き切る少し前に、自然に息を吸い込むと円滑に呼吸がつながります。吸う時も、無理に肺一杯に息を吸う必要はありません。無理せずに自然に入ってくる量の空気だけで十分です。

坐禅中に呼吸する際の1回に吸う空気の量は分かりませんが、たぶん、普段よりは多いような気がします。かといって、肺いっぱいに息を無理やり吸い込むわけではありません。

呼吸の回数や吸う息の量には、こだわる必要はありません。最初は吐く息を長くすることをある程度意識する必要があるでしょうが、これも、慣れてくるとほとんど無意識にできます。瞑想法の中には、呼吸の回数や方法を意識的にコントロールするやり方もあるようですが、禅の場合は、自然呼吸です。

そのため、坐禅中の呼吸の回数も、個人差があります。一般的には8～10秒くらいかけて、息を吐いて、3～5秒くらいで息を吸う感じといわれます。そうなると、1分間の呼吸の回数は5～7回くらいになりますが、初心者の方は、1分間に10回程度の呼吸回数でも問題ありません。慣れてくると、自然に呼吸が深く静かになり、回数も減ってきます。私の場合は、1分間に3回程度ですが、中には、1分間に1回以下という方もおられるようです。

しかし、呼吸の回数や長さを意識し過ぎると、かえって心が落ち着かなくなり、坐禅中の気持ちの良さが感じられません。イス禅であれ、普通の坐禅であれ、うまく座れたときは、何とも言えず、気持ちの良い感じが致します。逆に、自分にとって、気持ち良く座れる呼吸回数がその時のその人にとって、一番良い呼吸法であると思います。

最後に、坐禅中に呼吸の音が聞こえるのは良くありません。風邪や鼻炎の時などは仕方がないと思いますが、普通の時は、息の音が全く聞こえないくらいが理想です。といっても、これも、こだわることはありません。慣れれば、自然とそのようになります。

4　イス禅のやり方③－調心

呼吸を数えることに意識を集中する

調心とは心を調えて、坐禅三昧になることです。そのための方法として、「数息観《すうそくかん》」がありますす。「数息観」とは、坐禅もしくはイス禅をしながら、自分の呼吸を数えることに精神を集中する方法です。

数え方としては、1から10まで数えることとし、一般的には、「ひとーつ」「ふたーつ」と数えていき、「ここのーつ」「とーお」まで数えます。

呼吸との関係でいえば、「ひとー」で鼻から息を吐き、「つー」で今度は息を吸うやり方がやりやすいようです。吐く息から先に数えるわけです。吐く息の方が細く長いのと、先に息を十分に吐くと、自然に息を吸い込むという点から、吐く息から数えるとやりやすいわけです。「とーお」まで数えたら、また「ひとーつ」「ふたーつ」「みっーつ」と続けていきます。10で止めずに100まで継続して呼吸の回数を数える方法もあります。

さて、「数息観」の時は、以下の3条件を守ってやるのが原則です。

①　数を間違えないこと（数をとばしたり、後戻りしない）

② 雑念を交えないこと（数を数えること以外のことを考えないこと）

③ 以上2条件に反したら1からやり直すこと

もっとも、これをあまり厳密に考えると、いつまでたっても、10まで数えられないということになりかねません。初心者であれ、中級者であれ、多少の雑念が起きるのは、普通のことなので、雑念を受け流して、そのまま、数を数え続ける方が良いと思います。雑念に意識がとらわれて、いろいろな考え事を始めることがありますが、そのような状態に気が付いたら、「数息観」に意識を集中して、また1から数え始めましょう。

人間にとって、雑念が湧いてくることは自然なことですが、次から次へと考え事に入っていくのがまずいわけです。これを「二念《にねん》を継がず」といいます。最初の念慮は仕方がないが、それにとらわれて、二念、三念と考え事に入ってはいけないということです。

なお、毎日10分でもイス禅を継続的に実施し、ある程度経験を積んで「調身」「調息」に慣れてきますと、坐禅中に脳が活性化して、かえって初心の時より、様々な雑念が浮かんでくることがあります。時には、坐禅中に仕事上の良いアイディアがひらめくこともあり、そうなると、いつの間にか、息を数えることを忘れて、思考三昧、雑念三昧になっていることもあります。

そのため、「数息観」は、簡単そうに見えて、なかなか、奥が深く難しいものです。「数息観」に集中できる時間が長くできたときや、あるいは短い時間でも深く集中できたときは、坐禅が楽しくなりますし、終わった後でも、何とも言えないすがすがしい気持ちを味わえます。ですから、「数息観」は何年やっても飽きることはありません。

なお、「数息観」の他に、「随息観《ずいそくかん》」といって、数を数えずに呼吸そのものに意識を集中して呼吸そのものになりきる方法もありますが、これは上級者向けです。初心者にとっては「数息観」以上に雑念が起きやすいので、初心の方にはあまりお勧めできません。「数息観」に十分に慣れたら次の段階として「随息観」にチャレンジしてみるという具合に考えておいた方が良いでしょう。

数息観に集中することで無意識の世界が活性化する

「調心」の目的は、意識の下に隠れている本来の自分を取り戻すことにあります。いわば、心の掃除のようなものですから、いくら良い考えであっても、イス禅中に考え三昧、雑念三昧になるのは良いことではありません。まして、暗い考えやつらい思いが頭から離れないとイス禅にならない恐れがあります。

では、どうしたらよいかというと、これはもう、経験を積んでトレーニングをする以外にないというところです。毎日10分間なり、20分間なり、イス禅をして、そのつど「数息観」に集中するトレーニングを積んでいけば、次第に数息三昧になれるようになります。

特に、体が慣れて「調身」「調息」ができるようになると、坐禅やイス禅の姿勢をとり、静かで深い呼吸を始めた段階で、次第に心が落ち着くのを感じます。そういうときは、ネガティブな考えはあまり出ず、静かな自己肯定感が次第に生まれてきます。

イス禅の最中に雑念が出てくることはごく普通のことですので、それを心配する必要はありません。「雑念が出た」「しまった、これではいけない」と考え出すのは、最も良くない雑念といえるでしょう。ちなみに、禅道場に10年以上通っているようなベテランでも、日々の坐禅の中で雑念にとらわれることはよくあります。しかし、それでも坐禅を続けるうちに次第に落ち着いてきて、最後の3分間だけでも、数息観三昧になれると、それだけで心が澄んでとても気持ちが良いものであることが実感できます。坐禅は昔から「安楽の法門」といわれますが、決して嘘ではありません。

ただし、初心者の方は、坐禅の効果をあまり意識しない方が良いでしょう。効果を意識し過ぎると、それが雑念となって、かえって効果が得られないものです。「数息観」によって、意識を休めることで、深い無意識の世界に潜んでいる本当の自分を取り戻すことができるのです。効果を求めようという意識も捨てることで、かえって本当の効果が得られるということです。

なお、私が坐禅の指導を受けた人間禅道場では、初心者には「1から100まで数えなさい」と指導しています。仮に1分間に5～6回程度の呼吸数になれば、100まで数え終わると20分間程度の時間がたちます。人間禅道場では、1回の坐禅の時間は、45分間が基本ですから、1から100までを2回ないし3回数えることができれば、1回の坐禅の時間が終わります。

つまり自分の呼吸が時計代わりになります。そうなると、初心者にとっては、目標を持ちやすくなります。そういう意味では、10で止めずに「じゅーいち」「じゅーに」と続けて数える方法もお勧めです。その場合は、「じゅー」で息を吐いて、「いち」で吸うということになります。数の数え方も、「ひとつ」「ふたつ」だけではなく、「いち」「にー」「さん」でも結構ですし、「ひー」「ふー」「みー」でも結構です。そもそも、中国の偉い禅師方は、皆さん中国語で数えたのでしょうし、インドのお釈迦様やその弟子たちは、ヒンドゥー語で数えたのでしょう。息の数え方に絶対的なルールがあるわけではありません。自分の数えやすい方法でよいでしょう。

また、先ほどの説明では、吐く息から数えると説明しておりますが、吸う息からの方が数えやすいという方もおられます。そのあたりも、自分で試してみて、自分にとってやりやすい方法をとるとよいと思います。ともかく、呼吸の回数を数えることに気持ちを集中していくことです。

イス禅の前後に、日常の意識から心を切り替える「儀式」として合掌《がっしょう》することもお勧めです。「揺身《ようしん》」して、イス禅の姿勢ができたら、まず合掌してから、「法界定印」もしくは「白隠流」に手を組んで数息観に入ります。終わったときにも、まず合掌し、それから、前後左右に軽く「揺身」するとよいでしょう。

瞑想法一般にいわれることですが、日常から瞑想に入るとき、また、瞑想を終わって日常の意識に戻るために、特定の「儀式」があると良いそうです。何らかの決まった動作をすることで、意識を切り替えるスイッチにするわけです。

禅の場合は、仏教ですから、合掌に始まり、合掌に終わるということです。始めるときは「よろしくお願いします」、終わるときは「ありがとうございます」など、良い言葉を心の中で念じながら合掌すると気持ちがさらに落ち着きます。その際に「延命十句観音経《えんめいじゅっくかんのんきょう》」を読誦《どくじゅ》したり、あるいは、「南無観世音菩薩《なむかんぜおんぼさつ》」と念じることも大変良い方法であると思います。

また、「揺身」も、姿勢の調整であると同時に「儀式」としての意味も持ちますので、習慣的にイス禅の前後にされると良いでしょう。

5　イス禅の時間について

最初は1回10分程度から、慣れたら20分程度がお勧め

最後に、イス禅をする1回の時間についてですが、最初は、背すじを伸ばした姿勢を保つことがつらい人も多いと思います。そこで、一般的には10分間程度からスタートするのがお勧めです。10分間程度ならば、無理なく、多くの人ができるからです。

体が慣れてきたら、15分から30分間程度まで伸ばしても良いでしょう。時間が取れる方は、朝起きた時に30分、夜寝る前に30分、1日2回イス禅ができれば理想的ですが、これは、イス禅が楽しいと思えるかどうかによります。最初から無理すると、楽しくありません。

まずは、1日1回10分間のイス禅からスタートして、1日1回20分間くらいイス禅ができるようになれば、十分にイス禅を楽しめますし、3か月も続ければ、心の安定や脳の活性化などの効果を自分でも実感できます。また、忙しくて毎日できない方は、2日に一度、3日に一度でも結構ですし、週末にある程度、まとめてやるという方法もあります。

時間は時計で図っても良いですし、昔から禅道場でやるように、お線香をたいて時計の

代わりにしても良いでしょう。お気に入りの香りがあれば、アロマテラピーをかねて、お香をたくことで、心をリラックスさせる効果が期待できますから、お勧めです。もちろん、お香は日本風のものでなくても大丈夫です。洋風のものでもかまいません。自分のお気に入りの香りのものを使うと気持ちが落ち着いて良いでしょう。

音については、静寂が一番です。うるさい場所の場合は、耳栓をしても良いでしょう。気持ちの落ち着く音楽をかけるという方法もあると思いますが、禅道場では一般に行われません。たぶん、音楽は、右脳を刺激するので、かえって雑念が強まるからでしょう。坐禅は、深い無意識との対話ですから、音楽はない方が良いと思います。

もし、どうしても、何か音がほしいときには、森や小川や波や小鳥や虫の音などを収録した自然音のCDを流すと良いでしょう。昔から、禅道場は、うるさい街中より自然の中に建てられることが多いので、禅道場で坐禅をしても、自然音はいろいろと聞こえます。自然の中で気持ち良く座っているイメージが持てれば、それはそれで良い効果があると思います。私のセミナーでも、参加者がリラックスできるように音響を流せる会場の場合は、自然音のCDをかけてイス禅を行うことがあります。

6　言葉に心を集中する方法

数息観以外の方法

「数息観」のほかに、「随息観《ずいそくかん》」といって、呼吸の回数を数えずに、呼吸そのものを味わうことに気持ちを集中する方法もあります。

また、イス禅の時に、呼吸に合わせて何らかの言葉に心を集中させるという方法もあります。臨済禅の公案という問題を使う修行は「公案」に心を集中します。たとえば、「本来の面目」という公案を老師からいただいたときは、ひたすら「本来の面目はいかん」と公案三昧になります。有名な「趙州無字《じょうしゅうむじ》」の公案ならば、ひらすら「無（むー）」になりきるわけです。

もちろん、日常生活の中でイス禅をやるにあたっては、老師から公案をいただくということはないので、「数息観」が一番良いのは確かです。禅道場でも、数息観がある程度できるまでは、公案を与えないのが普通です。

数息観がある程度できるようになったならば、ときには、何か良い言葉を心に念じる方法を試しても良いでしょう。

たとえば、呼吸に合わせて「南無」（なーむー）と念ずるのも、大変良い方法です。「南無」とは、「帰依《きえ》します」という意味で、「心から信じて、より所とします」いう意味です。仏教を伝えてくださったお釈迦様をはじめとする先人の皆様の智慧を信じ、それに感謝の気持ちをささげる言葉です。

特に電車や車の中やオフィスなどまわりの音が気になる環境で、短時間、イス禅をやろうという時には、「南無《なむ》」を念じる方法は大変効果的です。「南（ナ〜）」と念じながら息を吸い「無（ム〜）」と念じながら息を吐くと良いでしょう。私はこれを「南無観《なむかん》」と呼んでいます。

緊張をほぐしたいときや不安感にとらわれたときには、立ったまま、あるいは、歩きながらでも、呼吸に合わせて「南無（ナ〜ム〜）」と念じて、3回程度深呼吸をするだけでも、気持ちが落ち着きます。

あるいは、白隠禅師が勧めている「延命十句観音経《えんめいじゅっくかんのんきょう》」を心の中で念じても良いでしょう。「延命十句観音経」の冒頭の「観世音南無仏《かんぜおんなむぶつ》」だけを呼吸に合わせて繰り返し念じることも良い方法です。あるいは、「南無阿弥陀仏」「南無観世音菩薩」「南無妙法蓮華教」とご自分の好きな言葉を念じても結構です。クリスチャンの方であれば、ご自身の好きな祈りの言葉を念じても良いでしょう。アッシジのフランチェスコの祈りやマザーテレサの祈りも素晴らしいと思います。

また、「般若心経」が好きな方は、心の中で「般若心経」を唱えても良いでしょう。ただ、般若心経は、1回念じるのにそれなりの時間がかかり、呼吸と合わせることが難しいと思います。そこで「般若心経」の最後のマントラ（特別な力があると信じられている祈りの言葉、一種の呪文）にあたる「ギャーテイ　ギャーテイ　ボジソワカ」だけを繰り返すのが、やりやすくて効果的です。

なお、言葉を念じる場合は、どんな言葉でもそれをマントラと思って、呼吸に合わせて言葉に心を集中することです。「延命十句観音経」や「般若心経」の場合は、一息では念じきれないでしょうから、呼吸の長さに合わせて、適宜途中で区切って、順次念じていくことになります。

日常の言葉でいえば「ありがとう」も素敵な言葉です。吐く息に合わせて、自分を生かしてくれている天地万物に感謝しながら「ありがとう」と念ずることができれば、それは、大変素晴らしいことです。ただ、日常的に意味のある言葉を念ずるのは、そこから雑念につながりやすいので、初心者の方には、数息観か、あるいは、「南無」とのみ念ずる方法をお勧めします。

7　イス禅のやり方―まとめ

イス禅のポイント1：調身

①　普通にイスに腰掛けて腰骨を立てる

●腰を少し後ろに突き出し、背筋を伸ばして、イスに背をもたれない

●足は、肩幅程度に自然に開いて床につける

●足をイスの下側に少し引くようにしても良い

●足を開かずに、両足をそろえても良い

●上体を前後および左右に軽く揺り動かし安定する位置で止める

②　目は、半眼《はんがん》にする

●首を立てあごを引き、目線を1メートルくらい前方に落とす

●半分以上目を閉じ、外界をぼんやりと見る

●一点を強く見つめずに、ぼんやりと、見るともなく見る感じにする

③　手は、「法界定印《ほうかいじょういん》」または「白隠流《はくいんりゅう》」

●「法界定印」のときは、手のひらを上に向けて、右手の上に左手をのせて、両手の親指の先を軽くつけて、卵のようなだ円形の輪を作る。手を下腹に引きつけて、手全体をももの付け根あたりにおく

●「白隠流」のときは、右手の４本の指を左手で握り、右手の親指で左手の親指を押さえる。力を入れ過ぎずに、また、爪を外に見せないように軽く手を握る。手は下腹に引きつけてももの付け根あたりにおく

（注）左手で右手を握るやり方でも大丈夫です。ちなみに臨済宗系の禅道場では「白隠流」といって、右手で左手を握りますが、在家の私たちが自宅などでやるときは、どちらでも握りやすい方でよいでしょう。

イス禅のポイント2：調息

①　最初に「欠気一息《かんきいっそく》」を数回行う

●意識して、深く大きな呼吸をする

●口から息を吐ききって、鼻から大きく息を吸い込む

●吸った息をいったん止めて（止気《しき》）、丹田《たんでん》に落とす

●それから、再び息をすべて吐ききる
●坐禅を始める前に姿勢を調えてから、3～5回程度行う
②　イス禅中は、静かに鼻から吸って鼻から吐く自然呼吸
●吐く息を細く静かに長めにする
●息を吐き終わったら、自然に息が入ってくる感じで吸う
●吐く息よりも吸う息の方が自然と早くなる
●止気を入れず、息が途切れないように呼吸する
●呼吸は静かに行い、鼻息の音が聞こえないようにする
(注)　普段は、17回～18回程度（1分当たり）の呼吸回数ですが、イス禅中は、自然に、3回～8回（1分当たり）程度になります。
最初は、10秒くらいかけて息を吐き、3～5秒程度で息を吸う感じです。

ただし、呼吸の回数などは、個人差があるので、呼吸の回数にはこだわらずに、自然に任せた方が集中できます。

イス禅のポイント3：調心

①「数息観《すうそくかん》」を行う

●自分の呼吸にあわせて、呼吸の回数を数えることに意識を集中する

●1から10まで数えたら、また1に戻る。または100まで数えてもよい

●途中で数を間違えたり、意識が雑念にとらわれたときは1に戻る

②湧いてきた雑念については、受け流す

●数息観の最中に様々な雑念が湧いてくることがあるが、それは普通のことなので、湧いてきた雑念にこだわらずに受け流すようにする（禅では、「二念《にねん》を継《つ》がず」といいます）

③呼吸に合わせて「南無」と念じても良い

●「南（ナ〜）」と念じながら息を吸い

「無（ム〜）」と念じながら息を吐く

（注）電車の中など、うるさい環境では、「南無」の方が集中しやすいでしょう。

立ったまま、あるいは、歩きながら、「南無」と念じながら、3回程度深呼吸をするだけでも、気持ちが落ち着きます。

なお、習熟すればするほど、イス禅に入るとリラックスして心身が活性化しますので、かえって、雑念が盛んに起こります。心身が活性化するため、イス禅中に、しばしば、創造的なアイディアが湧いてくることがあります。

しかし、禅では、アイディアもまた雑念とされることは覚えておきましょう。また、アイディアを出そうと意識した途端に瞑想が途切れ、かえって創造的なアイディアが出なくなるものです。

大切なことは、意識を放下《ほうげ》する（投げ捨てる）つもりで呼吸と数息観などに気持ちを集中していくことです。創造的なアイディアが出たとしても、それは、副産物、あるいは、おまけであると理解してください。

1日10分なり20分のイス禅を毎日続けていれば、心身が活性化しますので、日常生活の中でも創造性が高まり、アイディアが出やすくなります。イス禅の時は、数息観などその時の工夫に集中しましょう。

「無功徳《むくどく》」にすべての功徳がある

功徳を期待しないで、ただ禅に集中する時間を持つほど、功徳が大きくなるのが、禅の世界です。

達磨大師《だるまだいし》は、中国の皇帝（梁《りょう》の武帝《ぶてい》）から禅の功徳を聞かれたときに「無功徳《むくどく》」と答えています。

人間禅道場の大先輩である長屋哲翁《ながやてつおう》老居士は、昭和の終わりころ、70代から90歳を過ぎるまで、1年のうち半年は、ドイツ、オーストラリアで禅の指導をされておられました。長屋先生の摂心会は、ドイツでもオーストラリアでも順番待ちが出るほど大人気であったと伺っています。その長屋先生は、学生達に、

「禅は、無功徳に徹すれば、そこからすべての功徳が自然と出てくる。この「無」はすべてを含んでいる」

と教えてくださいましたが、本当にその通りであると思います。

この本を読んでくださった皆さんが「イス禅」を通して、すべてを含んだ「無」の功徳を実感し、より充実した幸せな人生を歩まれますことを祈念しております。

8　写真によるイス禅の説明

<斜め前から見たイス禅の姿勢>

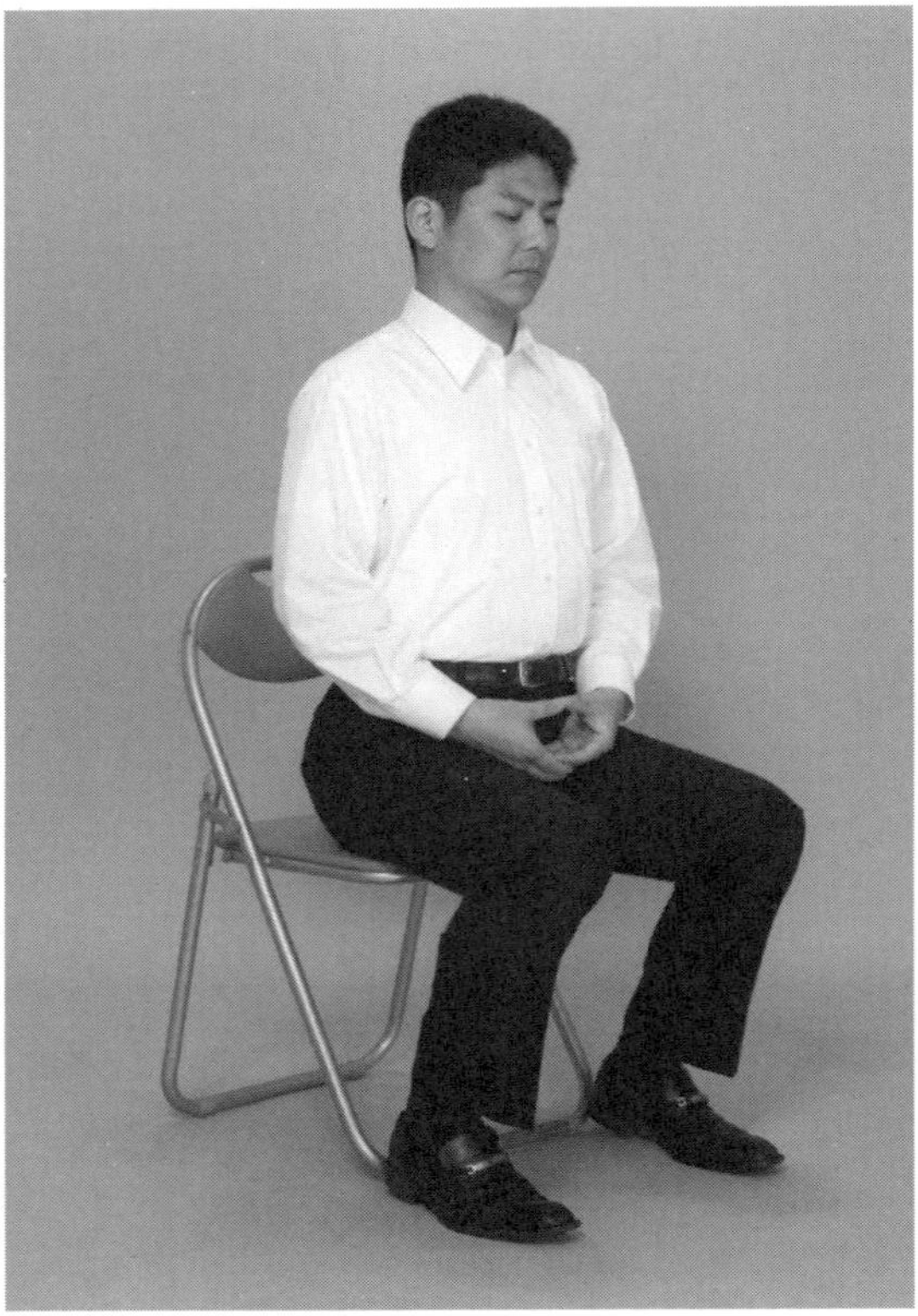

カメラマン：井出マコト
撮影場所：スタジオロンディーノ
（東京都新宿区早稲田鶴巻町）
モデル：櫻井俊輔氏（箱田塾・セミナー講師）

＜正面から見たイス禅の姿勢＞

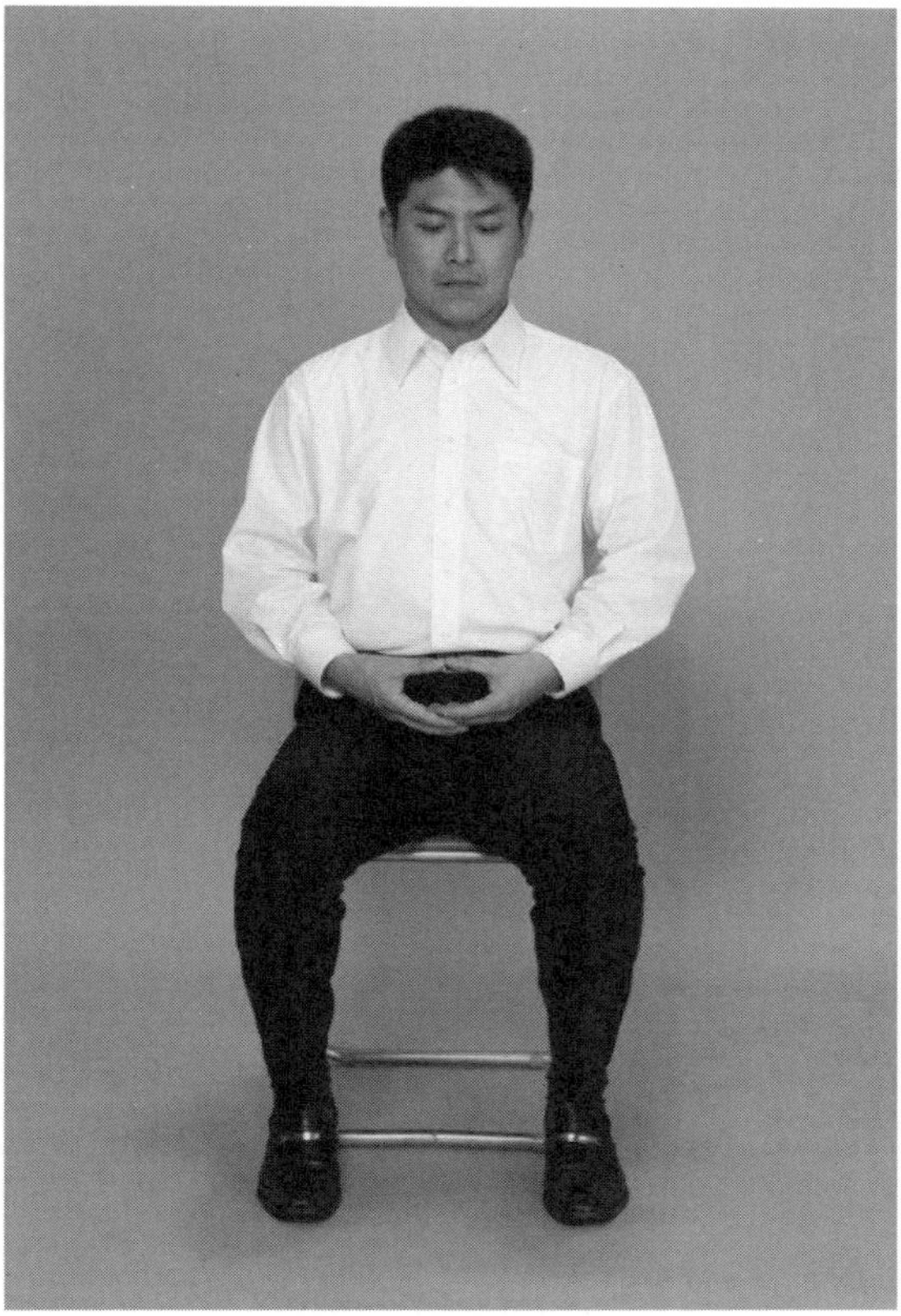

1　イスに腰掛けて腰骨を立てる
2　目は半眼にして１ｍから1.5ｍくらい前方をぼんやり見る
3　手は法界定印（手を握ってもよい）
4　足は肩幅程度に開いてかかとを引き付ける（かかとが軽く浮いてもよい）

<真横から見たイス禅の姿勢>

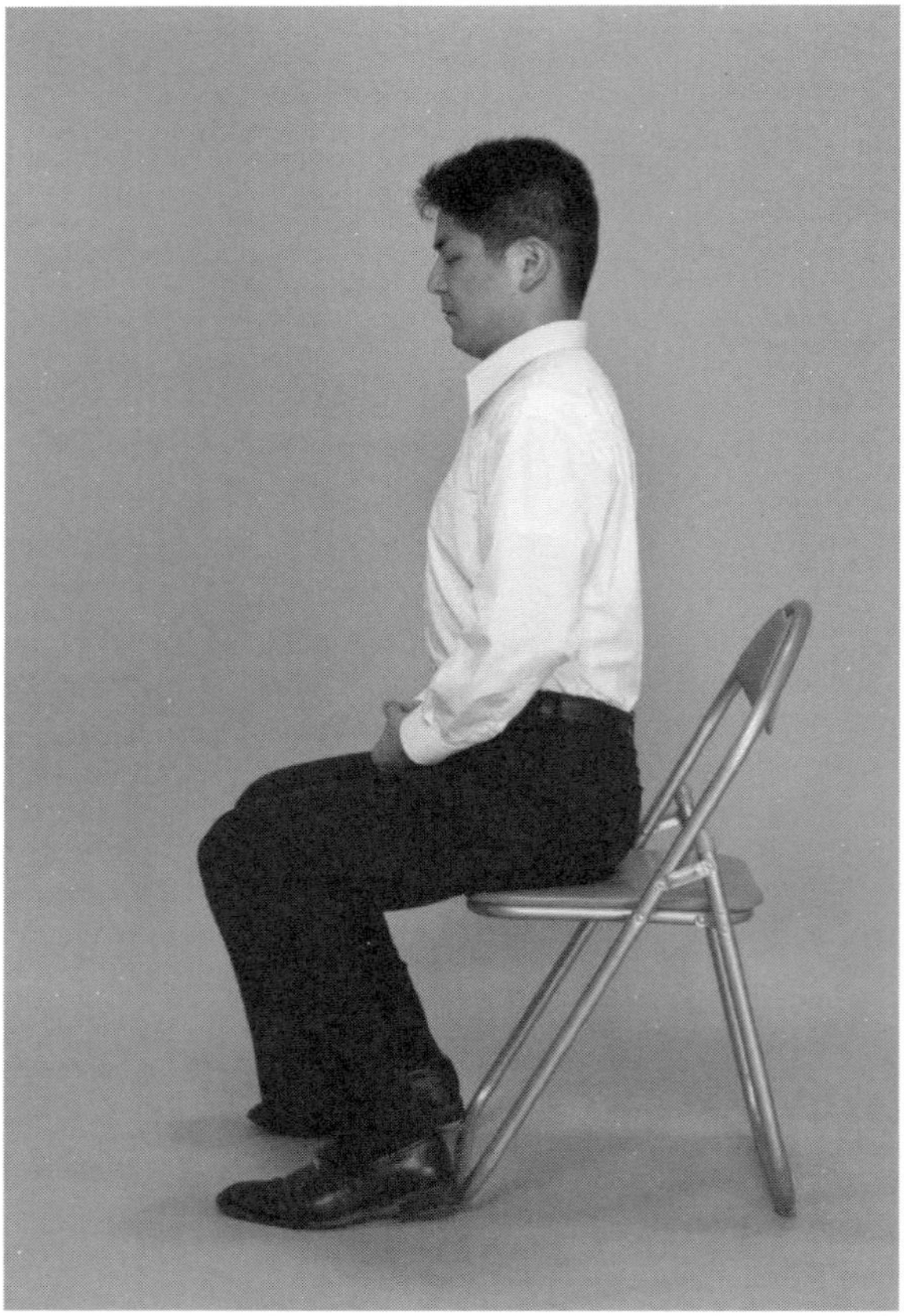

1　背筋を真っ直ぐにして腰骨を立てる（腰を少し後ろに張り出し，丹田を前に出す感じに座る）

2　首を立てて，あごを軽く引く

3　目線を１ｍくらい先に落とすと自然に目が半分閉じて半眼になる

<半眼（はんがん）の説明>

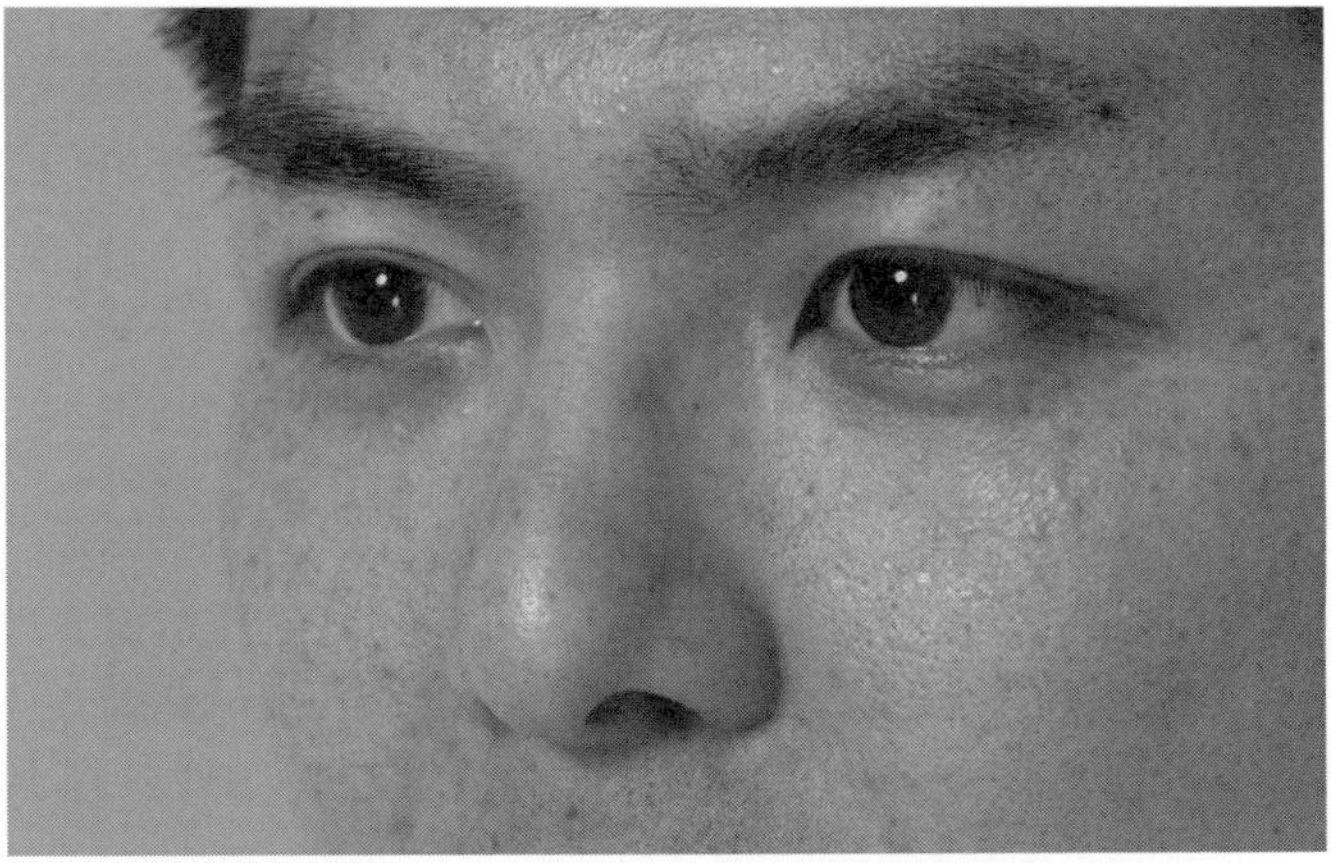

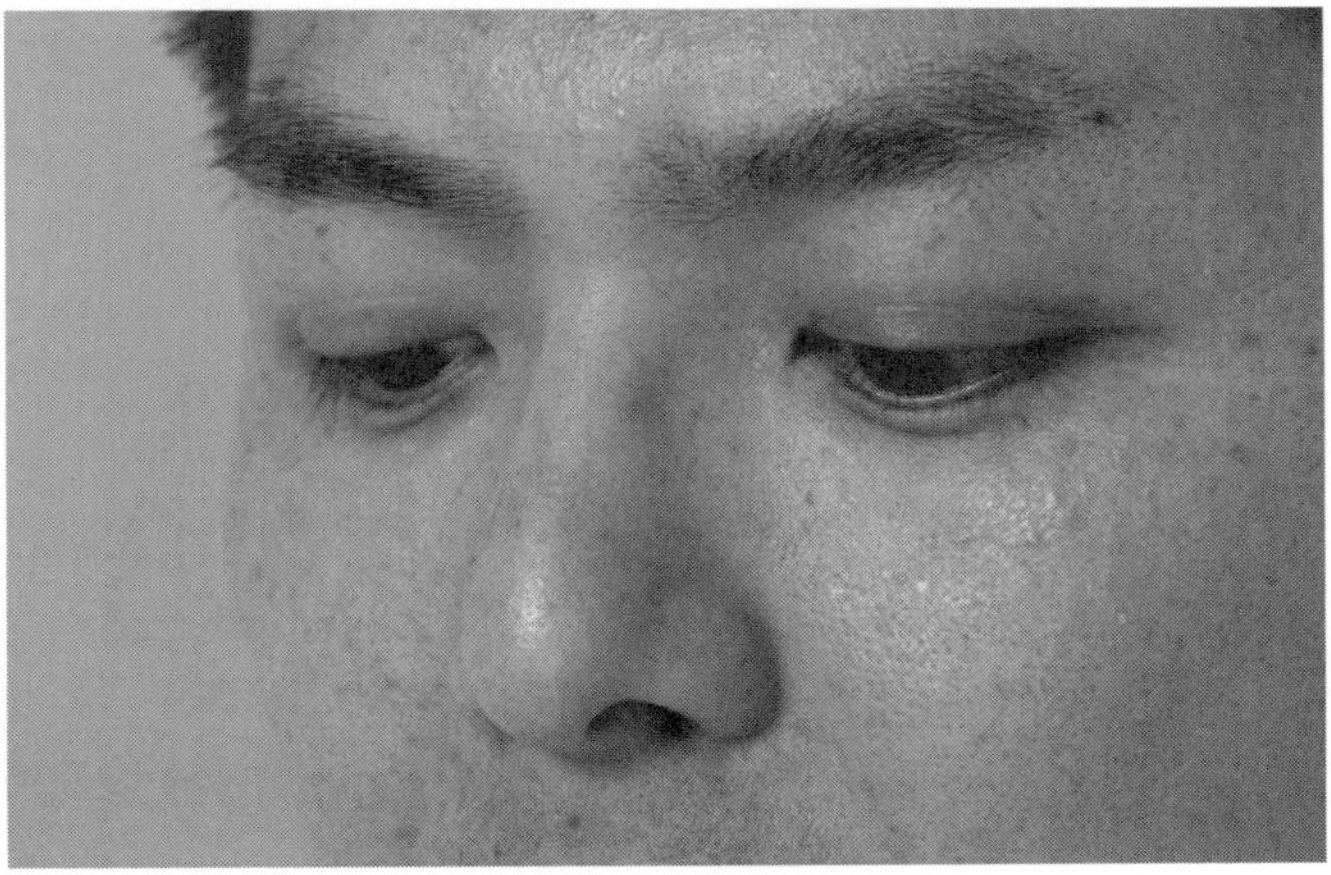

1　上の写真：普通の眼の状態（姿勢を正して正面を見る）
2　下の写真：姿勢を変えずに目線だけ１ｍから1.5m先に落とすと，自然に半分目を閉じた半眼になる

<手の印の説明>

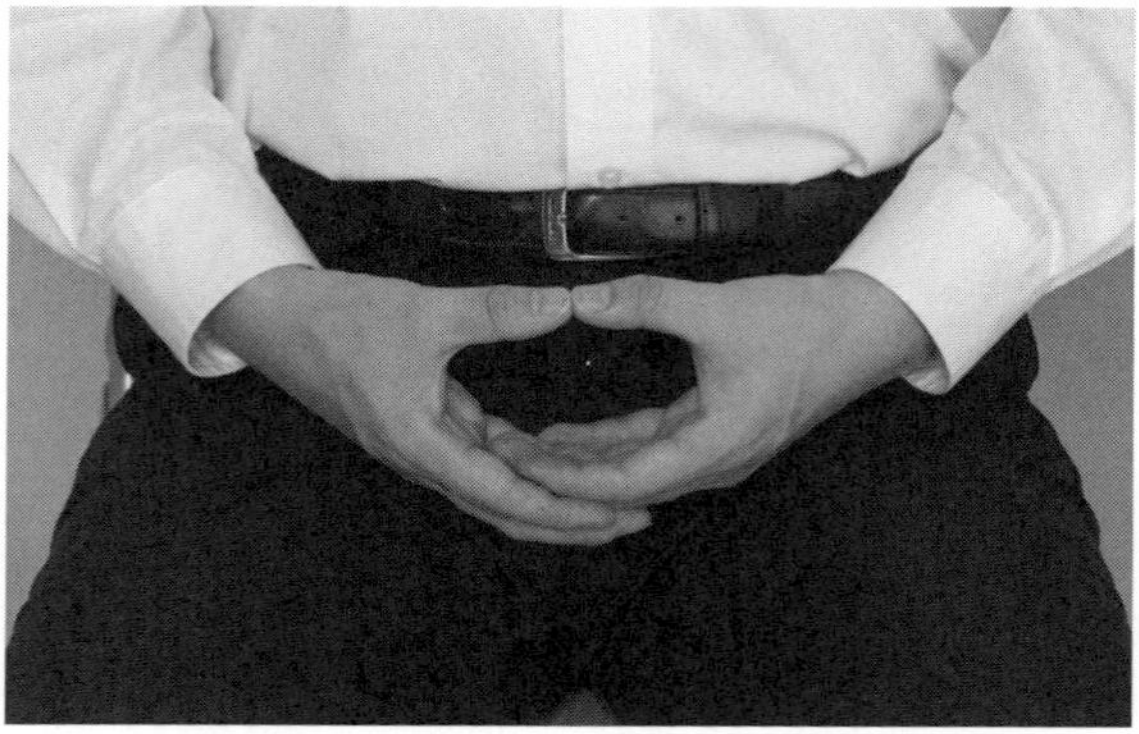

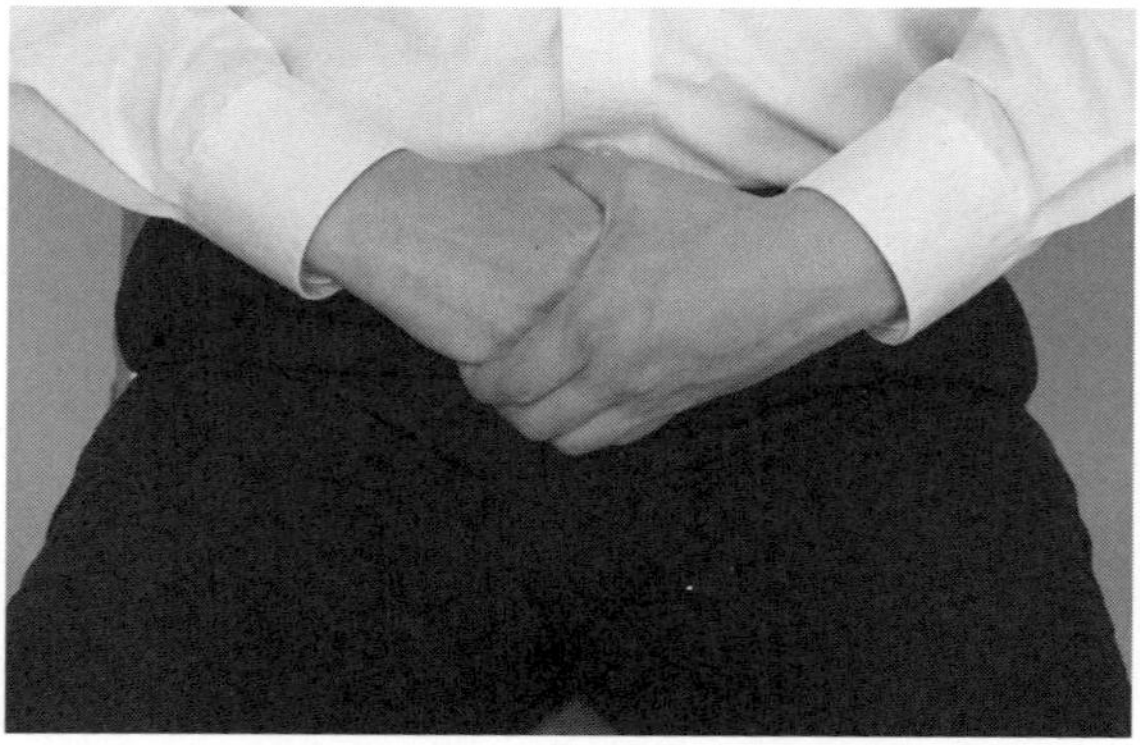

1　法界定印（上）：手のひらを上に向け，右手の上に左手をのせ，両手の親指の先を軽くつけて，卵のような円形の輪を作る

2　白 隠 流（下）：右手の４本の指を左手で握り，右手の親指で左手の親指を押さえ，爪を外に見せないように軽く手を握る

第2部
禅修行の目的と白隠禅師《はくいんぜんじ》の禅

白隠禅師筆　面壁達磨（右）鉄棒図（左）
（参考文献および筆図　別冊太陽『禅』平凡社　昭和55年）

第四章　人間禅道場の歴史

1　人間禅道場とは?

百年以上も続く人間禅道場

人間禅道場は、臨済宗系の別立《べつりゅう》の（法的経済的に独立している）禅道場です。日本全国に17の支部と十数の禅道場があり、数百人の会員が活動しています。在家が本格的な修行をする臨済系の禅の団体としては、私の知る限り、最も規模が大きく最も歴史のある団体であると思います。しかし、禅道場は修行それ自体が活動の眼目なので、会員数はそれほど多くありません。現在活動している会員は、全国で数百人という規模でしょう。そのため、100年以上の歴史を持っている割に世間一般ではほとんど知られていないと思います。そこで、人間禅道場の歴史を簡単にご紹介するとともに、在家の一般人が何のために禅の修行をするのか考えてみたいと思います。

人間禅道場の前身は、両忘《りょうぼう》協会（昭和10年以降は両忘禅協会）といいます。臨済宗円覚寺派管長であった釈宗演《しゃくそうえん》禅師（安政6年（1860年）～大正8年（1919年））の法《はっ》嗣《す》である両忘庵釈宗活《りょうぼうあんしゃくそうかつ》老師（明治3年（1870年）～昭和29年（1954年））が在家の方のための禅道場として、明治34年に東京の谷中に開設されたものです。両忘協会は、すでに戦前から全国数か所に支部と禅道場を有していました。日米開戦まではニューヨークにも支部がありました（両忘協会の歴史については、後述いたします）。

戦後の混乱期に高齢の釈宗活老師が隠棲されるとともに、民主主義の時代に合わせて両忘協会は発展的に解散し、新たに人間禅道場に改組されました。

人間禅道場に改組したときの創設者は、釈宗活老師の在家の一番弟子である立田英山《たつたえいざん》老師（明治26年（1893年）～昭和54年（1979年））です。人間禅道場の理念は、立田英山老師によるものですが、それは釈宗活老師の理念を受け継いだものです。

釈宗活老師には、在家の弟子以外にも、わずかながら禅僧の弟子もおられました。その一番弟子が、戦後、臨済宗妙心派および大徳寺派の管長を歴任された後藤瑞巌《ずいがん》老師（明治12年（1879年）～昭和40年（1965年）です。後藤瑞巌老師は、裏千家の前家元である千玄室大宗匠《せんげんしつだいそうしょう》の参禅の師でもあります。また立田英山老師と後藤瑞巌老師は、10歳以上も瑞巌老師が年長で、在家と出家という違いはありますが、ともに釈宗活老師の下で兄弟弟子でした。

私が参禅した白田劫石《はくたごっせき》老師が指導を受けたのは立田英山老師ですが、白田老師は、学生時代に釈宗活老師の提唱（禅籍や経典を用いて宗旨を提起し唱導する講話）を何回か拝聴されたことがあるそうです。白田老師は、平成21年に93歳でお亡くなりになりましたが、釈宗活老師のご提唱から受けた感動が忘れられず、しばしば、ご自身の提唱の中でそのお話しをされました。ご自宅にお伺いすると床の間には、釈宗活老師が紫の紙に金泥で書かれた仏画がかけられていました。

釈宗活老師は後藤瑞巌老師の師として臨済宗では有名な方ですが、一般にはあまり知られていません。そこで、ご自身が昭和9年に口述筆記された「両忘協会の由来」という自伝的文章から適宜引用しながら、ご紹介しましょう。

釈宗活《しゃくそうかつ》老師に対する母親の遺言

両忘庵《りょうぼうあん》釈宗活老師は、明治3年（1871年）の生まれで、俗名を入澤譲四郎といいます。人間禅道場では、両忘庵の表徳号から両忘老師とお呼びしています。両忘老師は、もともとお寺の出身ではなく、東京は麹町の医者の家に生まれました。何不自由なく育ちましたが、11歳のとき、母親と死別します。母親が大病にかかり、いよいよ危篤におちいったとき、11歳の息子を枕元に呼んで以下のように諭したといいます。

「今から生涯を通じて第一に心がけねばならぬことは、正しき教えに入りて、心を玉のごとく磨いてゆくことである。

何よりもまず心の修行ということを第一に心がけよ。（中略）世間の親は子供に対して富貴栄達、立身出世を第一に望むのであるが、この母はそれを望まぬ。富貴栄達や立身出世はあと回しでよろしきものと心得よ。（中略）

将来正しき教えについて自分の心を磨いて、名珠のごとき人間に成り得るならば、この母の願望は成就するのである。」（「両忘協会の由来」より）

この最後の訓戒が遺言となり、翌朝、お母様はお亡くなりになりました。両忘老師は、母の最期の訓戒が五臓六腑《ごぞうろっぷ》に染み渡ったといいます。

2年後、13歳のときには父親も亡くなり、孤児となった宗活老師は、ある教師の家に住み込みの書生となって苦学されました。20歳の時、東京美術学校（現在の東京芸術大学）の在学中に叔母に誘われて鎌倉円覚寺の今北洪川《いまきたこうせん》禅師を訪ね、さっそく入門して禅の修行を始めます。そして、「石仏《せきぶつ》」という居士号をいただきました。

それから3年間、洪川禅師に参禅した後、明治25年に今北洪川禅師がお亡くなりになると、後をついだ釈宗演《しゃくそうえん》禅師に参禅しました。

両忘老師の兄弟弟子・鈴木大拙

ちょうどその頃、鈴木大拙《だいせつ》も円覚寺で参禅しています。禅仏教の研究により昭和24年に文化勲章を受賞した鈴木大拙（明治3年（1870年）～昭和41年（1966年）も、はじめは今北洪川禅師に参禅し、後に釈宗演禅師に参禅して、宗演禅師から「大拙」の居士号をいただいています。鈴木大拙と両忘老師とは同い年ですが、参禅の上では、両忘老師の方がずっと先輩となります。

釈宗演禅師は、明治26年（1893年）に福澤諭吉のバックアップにより渡米し、シカゴで開催された万国宗教大会に参加し、禅僧として初めてアメリカで講演されています。その時、釈宗演禅師の弟子として鈴木大拙が通訳を務めました。宗演禅師はアメリカへの臨済禅の布教を目的として、明治30年（1897年）に鈴木大拙を再度、渡米させます。大拙は、そのまま12年間をアメリカで過ごし、英語で禅に関する名著をいくつも書いて、日本の禅を広く欧米に紹介しました。

釈宗活老師の出家時の誓い

両忘老師が宗演禅師に参禅を始めたときは、まだ在家の身でしたが次第に宗演禅師の下で出家して禅の修行を極めたいと強く希望するようになりました。そして23歳の時、釈宗演禅師について出家され、戸籍上も、養子となって「釈宗活」と名乗るようになりました。

両忘老師が出家得度される際、釈宗演禅師に対して、いかにも、両忘老師らしい願い事をされております。「私（両忘老師）は、ただただ修行専門のために出家するのであって、（中略）一生出世は望みません。寺院に住職することは将来永久に好みません。生涯そういうことで押し通せるのであれば、禅僧になりたい」というものです。

それを聞いた釈宗演禅師は、「坊さんで寺に入らぬということは、生涯の生活をする上で困難であるが、食うものがなければ食わぬ、住むところがなければ住まぬという家風でやるのも、面白かろう」といって、両忘老師の願いを許してくれたといいます。

両忘老師は、円覚寺で参禅修行を続け、29歳の時に釈宗演禅師からついに印可《いんか》（師家という禅指導者の資格を有する証明書）を得ます。両忘老師は、すでに円覚寺山内の塔頭《たっちゅう》である帰源院《きげんいん》の副住職を任されていました。当時の帰源院は、毎月の摂心会のために各地からやってくる在家の男女の宿泊所になっており、両忘老師がお世話係をされておりました。

夏目漱石も明治27年12月22日ころから半月ばかり、帰源院に宿泊し、釈宗演禅師に参禅しています。のちに漱石は、その時の体験を小説『門』に書いていますが、『門』に出てくる一窓庵《いっそうあん》は帰源院であり、老師は釈宗演禅師、主人公の世話をする若い僧侶の宜道《ぎどう》は、両忘老師がモデルになっています。

円覚寺で釈宗演禅師の印可《いんか》をいただいた両忘老師は、そのまま帰源院の住職として円覚寺に残る道もあったと思いますし、円覚寺に残っていたら、釈宗演禅師の最初の法嗣《はっす》（印可を許された弟子）として、後日、円覚寺の管長になられていたかもしれません。

しかし、富貴出世を望まず、正しい教えによって、心を玉のごとく磨くことを志としていた両忘老師は、参禅修行に一区切りがつくと今度は「不自由な海外旅行をして、あらゆる艱難辛苦《かんなんしんく》を実際に経験し、自らを鍛錬しよう」とお考えになります。そのお考えのまま、明治31年7月、両忘老師29歳のときに、わずかな餞別《せんべつ》のお金を懐に中国にわたり、約2年の間、中国各地を旅行されました。当時の中国は、日清戦争に敗れた後の清朝末期ですから、治安もすこぶる悪く、旅行というより冒険といったような厳しい旅でした。

両忘老師自ら「ずいぶん無謀《むぼう》な所為《しょい》」というように旅行中は艱難辛苦の連続であったようです。途中でお金が無くなり、言葉も通じず、コレラで危篤状態になったり、強盗に頭を棒で殴られ瀕死の重傷を負うなど、苦難続きだったそうです。

両忘協会創立と釈宗活老師の思い

両忘老師が２年間の外遊を終えられて日本に帰ると、東京の４人の在家の方の要請があり、かつ釈宗演禅師のご指示もあって、両忘会という在家のための坐禅会を始めました。両忘会は、もともと明治初年に山岡鉄舟《てっしゅう》、高橋泥舟《でいしゅう》、中江兆民《ちょうみん》など、在家で禅の修行に熱心であった十数名の居士が円覚寺の今北洪川禅師を招いて東京で行っていた禅会でした。それが明治の中ごろには中絶していたのを釈宗演禅師が宗活老師に命じて、明治34年に再興させた次第です。最初は、わずかに十数人の参加者しかなく、最初の数年は、釈宗活老師ご自身が、托鉢生活をしながら生活の糧を得るという貧しい出発でした。

しかし、両忘会再興に際して、弱冠31歳の釈宗活老師が書かれた『両忘社創立主旨』を拝読しますと、その志の高さに、ただただ敬服するばかりです。

『両忘社創立主旨』では、「現在の社会の状態をみると、風俗が退廃の極みにあり、国家の前途が心配である。その原因は、いろいろとあるだろうが、ようするに徳育が知育に伴わないことに原因があり、それは養道《ようどう》の工夫（心を練る修行）が足りないからだ。道が盛んであれば社会の風教も盛んになり、道が衰えると社会も腐敗する。今は、道が盛んではないので、社会も腐敗している。そこで養道の工夫を弘めるために禅会を興すのである」と会の目的を明確にしています。そのうえで『両忘社創立主旨』の締めくくりには、以下の願文があります。この願文は、まさに両忘庵釈宗活老師の真面目《しんめんぼく》を表すものといえます。

「ねがわくば、養道《ようどう》を持って終生の念となし、ただに自己の安心養道《あんじんようどう》を得るためのみならず、他をして養道《ようどう》の法を知らしめ、しだいに拡張敷衍《ふえん》して、生々世々《しょうじょうせぜ》、菩薩《ぼさつ》の行をもって己《おの》が任となし、もって社会の智徳を増進し、勉めて仏祖《ぶっそ》の本懐《ほんかい》にたがわざらんことを」

（道にかなう生き方ができるように心を磨くことを一生の課題とし、自分の安心養道を得るだけではなく、他の人々に養道の法を伝え、それを次第に拡張する。後世まで代々、菩薩行《ぼさつぎょう》の実践を自己の任務として、それによって社会に貢献し、お釈迦《しゃか》様や歴代のすぐれた祖師《そし》の本懐《ほんかい》を裏切らないことを心から願う）

大発展した両忘協会

やがて、両忘老師を慕う人が続々と集まるようになり、両忘協会は次第に発展していきました。釈宗活老師は母親の遺言に従い、終生、富貴も栄達も求めず、両忘協会の活動に専念し、一般人に対する禅の指導に命を懸けられました。方々の有力寺院から、再三住《じゅう》職《しょく》の要請がありましたが、そのすべてをお断りになられました。出家された時の願い通り、終生、大山名刹《たいざんめいさつ》はもとより、小寺院に住《じゅう》することもありませんでした。

両忘老師は、在家の禅修行者の指導一途に尽力されたのですが、そのおかげで両忘老師が70代で隠棲されるまでの40数年の間に、両忘協会（両忘禅協会）は、約3千人の弟子と、アメリカのニューヨークの他に、日本全国に数か所の支部と、3か所の禅道場を構えるほどの、立派な在家者が禅の修行をする団体になりました。ちなみに3か所の道場とは、東京の日暮里に100坪規模の擇木《たくぼく》道場と千葉県市川に1千坪規模の本部道場と福岡県小倉にやはり1千坪規模の鎮西《ちんぜい》道場です。また、両忘老師ご自身も、円覚寺前住職の法階と紫《し》衣《え》に金襴《きんらん》の袈裟《けさ》をいただくという禅僧としての高い名誉を得ました。また、少ない禅僧の弟子でも後藤瑞巌《ずいがん》老師が、戦後間もなく妙心寺と大徳寺の管長を歴任されるほどになりました（妙心寺や大徳寺の管長を歴任するということは、自動車業界に例えれば、トヨタとホンダの社長を歴任するようなものです）。

私は公認会計士ですので、職業柄、何でも金銭的に時価評価したがる悪い癖があります。もちろん、両忘老師の徳望を金銭価値で図ることは到底できません。しかし、両忘老師が後進の修行者のために残された土地や建物を今日の貨幣価値で時価評価するならば、10億円以上にもなると思われます。

さらに、両忘老師は書と画の名人であり、たくさんの書画を残されています。それらは、状態の良い掛け軸であれば、現在でも1本数十万円の価格で売買されるものもあります。両忘老師は、生涯で数千点の書画を書かれたと思われますので、もしそれらをすべて買い集めて時価評価すれば、おそらく何億円もの評価額になることでしょう。

両忘老師は、東京の谷中の小さな民家を借りて、財産ゼロの状態からスタートしたわけですが、それから40数年の間、在家の禅の修行者の指導に打ち込むうちに、事業家でも簡単にはなしえないほどの財産を作りました。しかも、それらを一切私物化することなく、後世の志ある禅の修行者のために残されたのです。

釈宗活老師の人生は、まさしく「法輪《ほうりん》転ずれば食輪《じきりん》転ず」（正しい教えを実践すれば、経済的に必要なものは後からついてくる）でした。

立田《たつた》英山《えいざん》老師

両忘老師の在家の一番弟子は、耕雲庵《こううんあん》立田英山老師でした。英山老師は、東京大学の学生時代に両忘老師に入門し、在家の居士《こじ》身《しん》のまま、昭和3年から師家《しけ》として両忘協会（昭和10年以降は両忘禅協会）で修行者たちを指導されてこられました。その意味では、昭和期以降の両忘協会（両忘禅協会）を支えたのは、両忘老師と英山老師であったといえるでしょう。

英山老師は、両忘協会の師家として活動するかたわら、中央大学予科（予科は今日の大学教養課程に該当する）で、25年間にわたり生物学の教授として生計を得ておられましたが、第二次大戦中に疎開のため辞職されています。

戦後、両忘老師は時勢の変化を見極め、昭和22年に両忘禅協会の解散宣言をされました。しかし、在家禅の修行を継続したいと願う全国の会員の声に応えて、英山老師は、両忘禅協会を法的な手続きに則って改組し、新たに人間禅道場を設立しました。人間禅道場は創立時点で、両忘老師以来の全国数か所の支部と3つの禅道場がありました。

人間禅の指導者として活動された英山老師は、戦後の混乱期でもあり、まともな定収入もなく、あたかも赤貧洗うがごとき生活に陥ったようです。しかし、それによく耐えて、両忘老師から引き継いだ禅の法脈を護持《ごじ》されたのでした。

当時、英山老師の弟子として市川の本部道場の道場長や総務長などを務められたのが剣道範士九段の小川忠太郎先生でした。小川先生もGHQ時代の6年間は剣道禁止令のために、ほとんど無職に近い状態でした。しかし、「自主的貧乏生活には味がある」と言って泰然として剣道復活の日に備えて、禅の修行に励まれておられました。思えばその頃は、英山老師や小川先生だけではなく、両忘老師の教えを守り、何よりも心の修行を第一と考えてそれを実践された方々が、人間禅道場には、たくさんおられたようです。

それから、50年以上を経た今日、人間禅は、日本全国に十数か所の人間禅固有の禅道場を持つほどに発展してまいりました。道場の財産は、英山老師が両忘老師から受け継いで人間禅を創設されたときに比べて、おそらく数倍にも増えているのではないでしょうか。「法輪転ずれば食輪転ず」（正しい教えを実践すれば、経済的に必要なものは後からついてくる）という教えは、変わらず生きていると思います。

両忘禅庵《りょうぼうぜんあん》について

両忘禅協会の解散宣言をされた両忘老師は、千葉県八日市場市に隠棲され、昭和29年、83歳でお亡くなりになりました。翌年、昭和30年に両忘老師の最晩年の法嗣である大木琢堂《おおきたくどう》老師が両忘老師の遺命に従って、八日市場市の両忘老師終焉の地を本部とし、両忘禅協会を再興されました。昭和45年には千葉県茂原市本納に道場用地を取得し禅堂を開単され、昭和53年には、青少年研修道場（一階武道場、二階坐禅堂）が落成しました。

さらに、昭和58年には、宗活老師開山堂（皇居紅葉山下元近衛兵詰所）、本堂（鎌倉市元山階宮家自仏堂）、庫裏《くり》（天童市民家）の諸堂を移築建立して、琢堂老師の法嗣である大木宗玄《そうげん》老師が住持され、臥龍山両忘禅庵《がりゅうさんりょうぼうぜんあん》という立派なお寺になっております。両忘禅庵にお伺いすると閑静で自然豊かな地に立派な諸堂があり、両忘老師の尊像を安置するお堂のほか、両忘老師や大木琢堂老師、大木宗玄老師のお墓が並んであります。

平成22年夏に、私が両忘老師のお墓詣りに両忘禅庵にお伺いしましたところ、普段は、アメリカのコロンビアで禅の指導をされている両忘禅庵住職の大木宗完和尚《そうかんおしょう》が偶然おられ、丁寧にご対応いただきました。これも、両忘老師のご遺徳のおかげであると深く感激した次第です。

法輪こそ真の宝物

禅では、「法輪転ずれば食輪転ず」（正しい教えを実践すれば、生きていくのに必要な経済的なものは後からついてくる）という教えを大切にします。心を磨く修行を第一義として努力すれば、経済的なものは後からついてくるということです。この教えの通りに、両忘老師の法輪は、現在でも、人間禅道場や両忘禅庵に生きており、それゆえに、道場の財産である土地や建物も戦後数十年のうちにずいぶん増えてきました。

しかし、人間禅道場の専用道場が増えたとしても、また両忘禅庵という立派なお寺が創建されたとしても、それで禅道場の真価が決まるわけではありません。心の修行の質において、両忘老師が何の財産もなく借家で禅会を始めた明治34年当時に比べて進歩しているのかと問われれば、赤面せざるを得ない面があるのも事実でしょう。

道場財産が増えたのは、道心にあつい諸先輩の努力の証ですが、金銭的に評価できるものは、道場の二次的な側面に過ぎません。本当に大切にすべきなのは「法輪を転ずる」ことです。つまり、両忘老師の志を継いで、心を磨く修行を通じて人間形成に努力し、それをもって社会に少しでも貢献することでありましょう。

ビジネスパースンが禅の教えから学ぶことはいろいろとあると思いますが、大きなポイントは、心を磨くことの大切さです。禅に限らず、松下幸之助さんや稲森和夫さんなど一流の経営者の著作を読めば、単なる金儲け以上に、人としての在り方を大切にしていることがよく分かります。

ビジネスにおける「法輪転ずれば食輪転ず」とは、「人として本質的に大事なことを忘れずに本業に真面目に取り組むことによって繁栄への道が開ける」という意味になると思われます。しかし、忙しいビジネス生活にどっぷりと浸っていると、いつの間にか、人として本質的に大事なものを忘れるおそれがあります。そうならないためにも、古典などの良書を読んだり、禅などの瞑想修行をして、心を磨くことに大きな意味があると思います。

2　禅の修行で心を磨いた人の例

「自利《じり》」と「利他《りた》」

両忘老師は、「養道を終生の念願とする」と両忘会の創設主旨に書かれましたが、「養道」とは心を磨き人間形成に努力するという意味です。しかし、「養道」という言葉は一般的にはあまり使いませんし、イメージしにくいと思われますので、禅の修行によって心を磨いた人の具体例を紹介いたしましょう。いずれも、私が謦咳《けいがい》に接することのできた方であり、人間禅道場において在家（僧侶ではない一般の人）のまま、臨済禅の修行を極めた方々です。

ちなみに仏道修行には、「自利《じり》」（自分を磨く）の側面と「利他《りた》」（他者を教え導き救う）の側面があり、両方あいまって修行が完成することになります。「自利」においてある程度のレベルに達することだけでもかなり大変ですが、「利他」においては、それこそ完成はないといえます。

禅門では「釈迦《しゃか》も達磨《だるま》も修行中」という言葉がありますが、「利他」の側面を考えれば、お釈迦様といえども、すべての人を救い尽くすことはできないので、修行に終わりはないという意味です。観音菩薩《ぼさつ》や文殊《もんじゅ》菩薩などの仏像が、出家する前のお釈迦様の姿をモデルとして、いまだ修行中であるお姿をしているのは、「利他」を重視する大乗仏教の理想を象徴しています。

この章で、「禅の修行を極めた人」というのは、「自利」において極めて高いレベルに達し、かつ「利他」の努力も続けた人という意味です。「利他」の面においてまで修行が完成したという意味ではありません。

さて、禅の修行を極めると、「悟了同未悟《ごりょうどうみご》」（悟り終わって、いまだ悟らざるにおなじ）という「悟り」を振り回さない境涯になられます。しかし、そのような方は、日常生活の中に禅的人格が躍如《やくじょ》しておりますので、まったく禅の修行をしたことのない人とは異なる「人としての香り」（人間的な魅力）があります。

私が出会った人間禅道場の老師方や長年修行をされた諸先輩方には、たしかに独特の「禅的香り」というべき人格の輝きがありました。人間禅道場は在家の人々による禅の道場ですから、老師といえども道場を離れた日常生活の中では、経営者であったり管理職であったり、専門職（医師、弁護士など）であったり、ごく普通の生活をしています。職業も性格も様々ですが、それでも、ある種の「禅的な香り」というべき何かがあり、その人らしい堂々とした人生を生てこられた方々です。

剣禅一味の達人　剣道範士《はんし》九段小川忠太郎先生

人間禅道場で禅の修行を極められた先達の1人に、剣道範士九段・小川忠太郎先生（明治34年（1901年）~平成4年（1992年））がおられます。小川先生は、警視庁の剣道師範を務められた一流の剣道家でしたが、立田英山老師の指導の下、人間禅道場で長年禅の修行をされ、無得庵刀耕老居士《むとくあんとうこうろうこじ》という庵号と居士号をいただいておりました。

小川先生は、全日本剣道連盟の「剣道の理念」を制定委員の中核メンバーとして作られた方でもあります。全日本剣道連盟の「剣道の理念」とは、「剣道は剣の理法の修練による人間形成の道である」というものですが、「人間形成」という言葉を入れたのは、小川先生の発想であると伺っています。

20年以上も前ですが、人間禅道場の講演会で「人間形成こそ、剣道の目標であり、禅修行の目標である」という趣旨のお話をしてくださいました。小川先生のお話は、訥々《とつとつ》とした語り口でありながら、圧倒的な説得力があり、私も含め、聴衆はみな雷に打たれたような深い感動を味わいました。

小川先生は、若い時の無茶な稽古の後遺症として、右半身の血行が悪く、それが持病となって若干難儀をしておりました。また、70歳を超えたころから耳が遠くなり、80歳のころには、ほとんど聞こえなくなっていたそうですが、80歳を過ぎても稽古の上では七段・

八段の先生方を相手に立派な指導をされて、剣道家としての生涯を貫かれました。同時に禅の修行も終生続けられました。小川先生が喜寿（77歳）を迎えられた頃、人間禅道場の後輩であり剣道の弟子でもある長野善光《ぜんこう》老師に対して、次のように語られたそうです。

「私が、こうして（剣道の）稽古ができるのは、毎日坐禅を組んでいるからだ。以前は毎日1炷香《ちゅうこう》（約45分間）坐っていたが、それでは最近稽古ができなくなった。それで毎日2炷香（約1時間半）坐ることにした。そうすると稽古ができるようになった」

晩年、80代の小川先生が人間禅道場の行事に参加されたとき、たまたま私はすぐ後ろにおりましたが、小川先生の背中からまるで後光が差しているかのように感じ、思わず、後ろ姿に向かって合掌低頭したものです。

小川先生は、平成4年1月29日に89歳で帰寂《きじゃく》されましたが、1月24日まで御家族の介添えを得ながら毎日坐禅を続けられ、帰寂される2週間ほど前にお見舞いに行かれた弟子の長野善光老師に対して、

「今でも毎日30分坐っている。これが支えになっている。坐禅はまことに素晴らしい。よくこのようなものが発明されたものだ。身体の苦痛は数息観（坐禅中に呼吸に合わせて数を数え三昧に至る観法。禅の最も基本的な修行法）で乗り切っている」

とお話になられたそうです。晩年の小川先生に付ききりで、最後までお世話をされた次女

の道子様によると「(小川先生は)病状が進み、相当苦しいはずでありますのに、一度も苦しいと言わず、楽しい楽しいと申しておりました」とのことです。

お亡くなりになる1週間前に辞世の和歌を詠まれています。

＜小川先生辞世の和歌＞

我が胸に剣道理念抱きしめて
死に行く今日ぞ　楽しかりける

「剣禅一味《けんぜんいちみ》」という言葉がありますが、小川忠太郎先生は、戦後の日本においてまさに「剣禅一味」の一生を貫かれた剣道と禅の達人でした。私は、剣道には無縁でしたが、学生時代に人間禅道場で拝聴した小川先生のご高話から受けた深い感動は、今でも忘れることができません。

日本文化史の大家　芳賀幸四郎《はがこうしろう》先生

同じく、人間禅道場で長年修行されて師家(禅の指導者)としても活躍された芳賀幸《はがこう》四郎《しろう》先生(明治41年(1908年)~平成8年(1996年))は、東山文化の研究を切り開かれた日本文化史研究の大家として有名な方です。東京教育大学（現在の筑波大学）、大東文化大学教授を歴任され、茶道の裏千家とも親しく、茶室で使う禅語の茶掛けの解説書『一行物《いちぎょうもの》』（淡交社刊）は、禅語解説の名著としてすでに20年以上にわたって版が重ねられています。

人間禅道場では、芳賀先生のことを如々庵洞然《にょにょあんとうねん》老師とお呼びしていました。芳賀老師は豪快でありながら人情には篤く、繊細な感受性をお持ちでした。また、講話の名人であり、自らの禅の修行と博学に裏付けられたお話は、大変感動的でした。それゆえ全国の裏千家の先生方には、たくさんのファンがおられたと伺っています。

私は、学生時代に3年ほど、表千家流の茶道を学んだことがあります。22歳のころ、表千家家元が主催して京都の表千家教場で行う、20代の若手のための茶道講習会に参加したことがありました。そこで知り合った茶道を学んでいる数人を誘って、芳賀老師の講演会を聞きに行ったことがあります。講演は「茶禅一味」という表題で、禅と茶道による人間形成の道をお話されました。私も、もちろん感動しましたが、その時、初めて芳賀老師のお話を聞いた20代の女性たちが、講演会の後で目に涙を浮かべて、心から感動していたことを今でも印象的に覚えています。

芳賀老師は、88歳でお亡くなりになりましたが、入院する直前まで師家として弟子を指導され、入院後も最後の著作となった『五灯会元鈔講話《ごとうえげんしょうこうわ》』（淡交社刊）の校正を病院内でされていたと伺っております。最後の入院をされたときの担当医は、「この病状で入院直前までよく活動されたものだ。これは医学的には説明できません。まさに精神力です」と驚かれたそうです。

最後の入院からお亡くなりになるまで、わずかに1か月もありませんでしたが、その間も、東京周辺の知人や友人、生徒や弟子たちが毎日のようにお見舞いに来られました。老師は体力がひどく衰えていたにもかかわらず、しっかりとした手つきで、一人ひとりと握手をされたそうです。実に堂々とした芳賀老師らしい最期だと思うばかりです。

終生求道の人であった白田劫石《はくたごっせき》老師

人間禅道場を創設された立田英山老師には、10人の法嗣《はっす》がおりました。芳賀老師もその1人ですが、私の最初の禅の師である磨甎庵《ませんあん》白田劫石老師（大正4年（1915年）～平成21年（2009年））も、法嗣の1人です。

白田《はくた》老師は、東京大学で和辻哲郎の下で西洋哲学や倫理学を学んでおられましたが、学生時代に、当時は治療法が確立されておらず、死に至る病であった結核にかかりました。ご自身の死を深く意識された白田老師は色々と悩まれたあげく、学生時代に立田英山老師に入門し、猛烈に臨済禅の修行をされました。戦後は結核も完治し、千葉大学教授となって、西洋哲学や倫理学を教えられました。

白田老師は、常に最高レベルの禅を求めており、終生、求道の人であったと私は理解しております。生前の老師のご提唱はあまりにレベルが高く、私には半分も理解できませんでした。しかし、全身からにじみ出る禅者の風格は実に高貴で香り高く、その張りつめた厳しさには毎回圧倒されました。老師の提唱中は、いつも禅堂全体の空気が変わったような気がしたものです。禅の修行についてはとても厳しく、特に入室参禅《にっしつさんぜん》のときには、まったく取りつく島もないくらいに厳しく弟子を指導されました。

白田老師ご本人は、名誉や栄達には恬淡《てんたん》とされておりましたが、公平無私な性格と高邁《こうまい》な見識は、周囲の尊敬を集めるものでした。乞われて千葉大学の人文学部長を2期務め、のちに本人の意思に反して学長選挙にまで担ぎ出されたことがありました。しかし、ご本人は「学長になると師家として弟子を指導する時間がなくなるから」といって選挙運動はせず、粛々と落選されました。

千葉大学を定年退官された後も、1984年に新設された国際武道大学の初代学長に、とお誘いを受けたことがありましたが、それも「師家としての活動に支障をきたすから」という理由でお断りになられたと伺っています。平成21年（2009年）2月に93歳で天寿を全うされましたが、体調がかなり悪かったにもかかわらず、直前まで、現役の師家として摂心会で弟子の指導に当たりました。

仕上がった弟子に最も厳しかった両忘老師

人間禅道場では、立田英山老師が、数ある公案の中から２００則を選んで体系的に並べて公開しています。基本的には、その２００則をすべて終えれば、一応、人間禅の修行を終えたといえるのですが、そこまで行くだけでも仕事を持ちながら修行する在家の人間にとっては、入門してから20年も30年も、時には40年以上もの時間がかかります。40年以上の年月がかかっても公案がすべて終わるかどうかはわかりません。仮に２００則の所定の公案をすべて終えたとしても、それで、師家という指導者の資格を得られるというわけではありません。そこから、最後の仕上げの修行が始まるからです。

両忘老師の時代から人間禅道場を通して一貫して、最後の仕上げの段階の修行者に対して最も厳しい指導をしてきました。両忘庵釈宗活老師には、すでに師家になっている弟子に対してさえ、周囲が驚くような厳しい指導をされたという逸話がいくつも残っています。

たとえば、両忘老師の在家の一番弟子である立田英山老師に対しては、すでに師家になっていた英山老師を弟子たちの目の前でわざと「泥棒呼ばわり」したことがあるそうです。それは、英山老師が30代後半のころのことであったと伺っています。

英山老師が担当するある摂心会の初日に両忘老師が講話をされたそうですが、途中から話題が変わり、多数の参加者の前で、あたかも英山老師が道場のお金を横領していると難詰するようなお話をされました。

当時30代後半で血気盛んであった英山老師は怒りと屈辱にふるえ、「両忘老師に疑われたのでは、わしは生きていけない。今すぐ帳簿を点検してもらって、わしが一円でも横領した事実があれば、この場で切腹する」と大変な剣幕で今にも本当に切腹しかねない様子でした。

立田家は江戸時代には由緒ある旗本の家系です。明治生まれで一徹な性格の英山老師にとっては、尊敬する両忘老師に泥棒呼ばわりされることは、死ぬほどの屈辱でした。そのため、冗談ではなく、両忘老師の疑いが晴れなければ、自死しかねない勢いだったそうです。

摂心会の初日ですから、数十人の弟子がその場におりました。弟子たちは、両忘老師の話にも驚きましたが、そのあとの英山老師の剣幕にも度肝を抜かれたそうです。あわてて、英山老師が管理されていた両忘協会の帳簿を別室に下がられた両忘老師の元にお持ちしました。同時に、心配した弟子たちが、間違っても英山老師が自死しないようにと、周りを取り囲んで、どうなることかと事態を見守っていたそうです。

やがて、両忘老師の侍者《じしゃ》（老師の身の回りのことをする係りの弟子）を通じて英山老師が両忘老師の部屋に呼ばれました。心配して待っていた弟子たちのもとに、しばらくして悄然《しょうぜん》とした（しょんぼりした）英山老師が戻って来られて、何事もなかったかのように摂心会の行事が再開されたそうです。

そばに持していた弟子の話によると、怒りと屈辱に真っ青になっている英山老師に対して両忘老師は、ただ一言「ちょっと試してみたが、英山も大したことはなかった」とおっしゃられたそうです。

ようするに最初から英山老師のことを疑っていたわけではなく、わざと衆人の面前で屈辱を与えて、英山老師がどういう対応をするか、試してみたということです。

これには、英山老師もがっくりときて、両忘老師の真意を見抜けずに興奮した自分を恥じ、ただただ、両忘老師の前にひれ伏したそうです。若くして師家となって弟子たちから「老師」「老師」と尊敬されていた英山老師の慢心をくじき、さらに鍛え上げるために、両忘老師が下した恐ろしいほどの真情のこもった鉄槌《てっつい》でした。

後藤瑞巌《ずいがん》老師と両忘老師の逸話

両忘老師には、似たような話が出家の一番弟子でもある後藤瑞巌《ずいがん》老師に対してもあります。戦後、両忘老師が喜寿（77歳）を迎えたときです。両忘老師の喜寿のお祝いが千葉の方であったとき、当時、京都大徳寺の管長をされていた後藤瑞巌老師は、本山の行事のために両忘老師の喜寿のお祝いの会に出席できませんでした。

後藤瑞巌老師が何日かおくれて両忘老師の隠居所に喜寿のお祝いを持ってご訪問された時のことでした。両忘老師は、瑞巌老師が持ってこられた喜寿のお祝いの品をいきなり蹴とばして、「師の喜寿の祝いに遅参するとは、なにごとかー！」とすさまじい剣幕で、大徳寺の現役の管長である瑞巌老師を怒鳴りつけたそうです。

大徳寺の管長といえば、企業にたとえれば、一部上場企業の現役社長のような立場です。また当時の昭和20年代前半の日本は、社会全体が窮乏し、交通機関も混乱していた時期です。本山の行事で喜寿のお祝いの会には出席できなかったとはいえ、大徳寺の管長がわざわざ京都から千葉までお祝いに来られただけでも、普通の常識でいえば、師から褒められてもよいことでしょう。それをお祝いの品を足蹴《あしげ》にされた上に、頭ごなしに怒鳴りつけられたのですから、普通の人であったら取り乱してしまうことでしょう。

しかし、当時60代後半で名管長の誉れの高い後藤瑞巌老師は、一言も言い訳をせずに、ただただ畳に頭をすり付けて、両忘老師の喜寿のお祝いの会に出席できなかったことを誠心誠意お詫びをされました。その様子をみた両忘老師は、その場で瑞巌老師を許し、あらためてお祝いの品を受け取りました。そのあとは、何事もなかったかのように師弟2人で楽しげに談笑されたそうです。これも、仕上がった弟子に対して最も厳しかった両忘老師の真面目《しんめんぼく》を伝える話だと思います。

両忘老師を尊敬された白田《はくた》老師

白田老師は、両忘老師を大変尊敬されておられました。そのこともあってか、白田老師も、最後の仕上げの修行を大変重視し、所定の公案を終えた最終段階の修行者に対して最も厳しい指導をされました。学生時代から白田老師の指導を受けて、現在、人間禅道場の師家の1人として後進の指導に当たられている丸川春潭《しゅんたん》老師が白田老師の思い出を書かれておられますが、そこに仏法を大事にされた白田老師の姿勢が自ずと現れています。

丸川老師によると40年間近くに及ぶ白田老師への参禅の中で、所定の公案が一通り終わってからの最後の10年間が白田老師から最も厳しい指導を受けた時期であったといいます。

「白田老師は提唱でも「弟子を仕上げるには、四六時中仇敵《きゅうてき》に当たるが如くにする」と何度か申されておりましたが、まさに文字通り、小生（丸川老師）には仇敵に会うがごとくであり、弱点とか癖のあるところに、灼火箸《やけひばし》を突っ込み、抉《えぐ》るというものでありました」という具合です。

禅の世界では、師家は自分の跡継ぎとなるべき弟子に対するほど厳しく指導するといわれますが、特に人間禅道場では両忘老師以来の伝統ともいえます。それにしても、白田老師の丸川老師への指導の厳しさはすごいものがあります。それだけ、丸川老師に期待され、立派な師家になってほしいとの願いを込めて厳しくされたのでしょう。

丸川老師は、住友金属工業の研究開発部門で長年活躍され、最後は技監《ぎかん》（役員待遇）で退職された方です。住友金属工業在職中に工学博士号を取得し、大阪大学特任教授や中国の宝鋼製鉄所の顧問なども歴任されています。当然ながら職業として禅をやっているわけではありません。忙しい仕事の合間を縫って道場に通われてきたのです。

白田老師も、やはり在家の老師であり、人間禅道場から報酬をもらっているわけではありません。会員として会費を払うという意味では、平団員と同じです。

師家も弟子も、お互い社会人同士ですから、普通はこれほど厳しく指導できないと思います。それを徹底的に厳しく指導されたところに、仏法に対して高いレベルを求められた白田老師の面目躍如たるものがあります。

また、白田老師には、古参の弟子に仇敵に会うがごとき厳しい指導をしても、なお、弟子から慕われるだけの人間的な魅力や指導力がありました。白田老師は、千葉大学の文学部長を務めるほどですから、禅道場の外では極めて穏やかな紳士でした。他人に対して細やかな気遣いをされる優しいお人柄です。禅道場において、古参（ベテラン）の弟子に対して鬼のような厳しい指導をされたのは、あくまでも、古参の弟子に禅仏教の真髄を伝え、立派な師家に育てるための方便であったと思います。

これらは、ほんの一例に過ぎませんが、長年、本格的な禅の修行をされた方には、人それぞれの「高い人間性からくる香り」があります。その「香り」の中に禅修行の功徳が自ずと現れているというべきでしょう。

人間禅道場は臨済宗系であると書きましたが、臨済宗といわれても、その特徴をご存じない方も多いことでしょう。そこで、次章では、臨済宗中興の祖といわれる白隠禅師が書かれた法語《ほうご》（仏法の教えを説く文章）をもとに説明いたしましょう。

第五章　白隠禅師の禅について

1　禅の歴史

インドで生まれ、中国で発展し、日本で完成した禅

坐禅とは、２５００年以上前にインドで生まれた瞑想法です。お釈迦様は、約２５００年前に、６年間に及ぶ苦行の後に、７日間の坐禅によって悟りを開き、仏教を開宗しました。しかし、坐禅そのものは、お釈迦様の発明ではありません。インドに古くから伝えられている瞑想法、修行法です。仏教の特徴は、お釈迦様の教えの内容にありますが、「禅《ぜん》定《じょう》」という坐禅による瞑想を重視していることも大きな特徴です。

現在、ヨガやＴＭ瞑想など、瞑想法はたくさんあります。それぞれに良い点があると思いますが、坐禅は、日本人にとって、最もなじみ深い瞑想法です。なにより、歴史的に効果と安全性が確認されているという意味で、最も安全確実な瞑想法といってよいでしょう。

それでは、ここで、簡単に禅の歴史を確認しておきたいと思います。
紀元前5世紀にお釈迦様が菩提樹の下で坐禅による深い瞑想状態に入り、大悟して仏教を開きました。その後、お釈迦様を中心として原始仏教教団ができました。その後、部派仏教といわれる教団が発達しましたが、紀元前後のころから大乗仏教が興隆しました。インドの仏教教団においても、坐禅は、修行法の一環として実習されていましたが、インドでは、後世の「禅宗」といわれる坐禅の修行を眼目とした仏教の宗派は成立していません。禅宗が成立したのは、中国においてです。

伝統的な禅宗の教えでは、西暦6世紀に菩提達磨《ぼだいだるま》（達磨大師《だるまだいし》）がインドから中国に禅を伝えたとされています。その後、達磨大師から数えて六代目の祖師である六祖慧能《えのう》から禅宗として発展が始まり、唐から宋の時代にかけて大発展しました。しかし、中国では、明から清にかけて、禅宗は次第に衰えていきました。また、明の時代以降は、「禅浄《ぜんじょう》双修《そうしゅう》」といって、坐禅と念仏（阿弥陀如来《あみだにょらい》の救いを信じて「南無阿弥陀仏《なむあみだぶつ》」と唱えること）を一緒に行うことが主流となりました。禅宗は、自力の修行を特徴とし、浄土宗は、阿弥陀様による他力の救いを特徴としています。

いずれも、中国において唐の時代に発展した仏教の宗派ですが、明の時代になって、両方が融合してきました。それぞれの良い点を取り入れようというのですから、悪いことではありませんが、うっかりすると、虻蜂《あぶはち》取らずになる恐れもあります。それは、教えの内容よりも、それを信ずる人の取り組み方によると思いますが、いずれにしても、唐や宋時代の純粋な禅は、中国では衰えてしまいました。

純粋な禅が、今日まで伝わっているのは、日本です。現在、欧米でも、坐禅が熱心に行われていますが、その禅は、明治以降に日本から伝わったものです。キリスト教国であるアメリカでは300万人以上の人が、毎日、坐禅をする習慣を持っているといわれています。もともとは、インドで生まれ、中国で発展した禅宗ですが、それを集大成して現代に伝えているのは、日本であり、日本から欧米に広まりつつあるといえるでしょう。

日本における禅仏教の歴史

日本における禅の歴史を簡単に確認しておきましょう。日本では、鎌倉時代に、栄西や道元など優れた禅僧が中国にわたり、日本に本格的な禅宗を伝えました。道元が伝えた禅宗は、曹洞宗として今日まで伝わっています。

臨済宗は、栄西が最初に伝えましたが、栄西の系統はのちに途絶えています。今日残っている臨済宗は、鎌倉時代末期の大応《だいおう》国師の系統です。大応国師の弟子に京都の大徳寺を開いた大灯《だいとう》国師がでて、大灯国師の弟子に京都の妙心寺を開いた関山《かんざん》が出ました。大応《だいおう》国師、大灯国師、関山大師の三代を「応灯関《おうとうかん》」の一流といいます。

さらに、江戸時代中期に、「応灯関」の系譜から白隠禅師が出て、日本の臨済宗を集大成しました。現在の日本の臨済宗は、すべて白隠禅師の系統にあります。そのため、白隠を加えて、「応灯関白《おうとうかんぱく》」という言い方をする場合もあります。

なお、江戸時代初期に中国から隠元《いんげん》が渡来して、黄檗宗《おうばく》を開きました。今日の日本の禅宗は、臨済宗、曹洞宗、黄檗宗の3つの宗派がありますが、歴史的にみれば、黄檗宗は臨済宗の流れにありますので、大きく分ければ、公案を使った禅問答を重視する臨済宗・黄檗宗と、坐禅そのものを悟りの姿とみてひたすら坐禅をする只管打坐《しかんたざ》の曹洞宗の2派に分かれるといってよいでしょう。

臨済宗の公案禅を集大成したのが、江戸時代の白隠禅師ですが、私も、学生時代から白隠系統の禅道場で禅を学び修行してきました。

そこで、白隠禅師の教えの特徴を以下にご紹介したいと思います。

2　白隠禅師《はくいんぜんじ》と『坐禅和讃《ざぜんわさん》』

白隠禅師の一生

白隠禅師は、駿河国《するがのくに》原宿（現在の沼津市）の長沢家の三男として、貞享2年（1685年）12月25日に生まれました。幼名を岩次郎といいます。15歳のとき原の松蔭寺《しょういんじ》で出家、慧鶴《えかく》と名付けられました。

19歳より旅に出て諸国を遍歴しつつ厳しい修行を積み、ついに500年間に1人と言われるほどの名僧となりました。大名から町人農民に至るまで、多数の人に尊敬されています。

「駿河《するが》には過ぎたるものが二つあり　富士のお山に　原の白隠《はくいん》」

という白隠を富士山に並べて讃える和歌も伝わっています。

明和5年（1768年）12月11日、白隠は84歳で亡くなり、後桜町天皇より神機独妙《しんきどくみょう》禅師《ぜんじ》の諡号《しごう》（おくりな）を賜りました。明治天皇からも正宗国師《しょうじゅうこくし》の諡号を賜っています。

白隠禅の特徴は、公案という問題を用いる禅問答を重視する「看話禅《かんなぜん》」であることです。

公案は、中国は宋の時代、日本の鎌倉時代から修行のための法材として用いられてきましたが、数ある公案を整理し体系化したのが、白隠禅師です。

その公案体系が教育手段として大変優れており、多くの逸材を育てたため、現代において、白隠禅師は日本の臨済宗中興の祖と仰がれています。

白隠禅師は著作も大変多く、禅の概論を日本語のお経にした『坐禅和讃《ざぜんわさん》』、白隠禅の概要を説明した『遠羅天釜《おらでがま》』、内観による健康法を記した『夜船閑話《やせんかんな》』など日本語の著作が、『白隠禅師法語全集』全14冊（芳澤勝弘訳注）として財団法人禅文化研究所から出版されています。

また、法語以外にも、般若心経の注釈書である『毒語心経《どくごしんぎょう》』、大灯国師の語録を評釈した『槐安国語《かいあんこくご》』など漢文による著作もたくさんあります。白隠禅師の著作を集大成したものとして『白隠和尚全集全8巻』（龍吟社）が昭和10年に出版されており、古書店で今も入手可能です。

白隠禅師『坐禅和讃』の要点

白隠禅師の著作の中で最もポピュラーな『坐禅和讃』は、七五調で全44句の和讃（日本語のお経）です。臨済宗の禅道場では、日々お経として唱えられています。臨済宗南禅寺派元管長の柴山全慶《しばやまぜんけい》老師が、春秋社から『白隠禅師坐禅和讃講話』を刊行されていますので、それを元に『坐禅和讃』の要点をお伝えしましょう。

柴山全慶老師は、『坐禅和讃』の全体を「序説」（禅の一般論的な概説）、「本論」（修行の実践と証悟《しょうご》の内的風向を描く）、「結語」（禅は、最終的に人格であり境涯であることを示す）に分けておられます。

「序説」は、「衆生《しゅじょう》本来仏なり」（迷える心を持つ私たちも、本来は仏です）という一句に要約され、万人が仏性《ぶっしょう》を有することを示します。

「本論」は、「直《じき》に自性《じしょう》を証すれば」（本来の自己を悟ることができれば）という一句に要約され、修行によって誰でも見性できる（仏性《ぶっしょう》を見ることができる）ことを示します。

「結語」は、「この身即ち仏なり」（この身がそのまま仏です）という一句に要約され、禅の教えが各人の人格の中に浸透すべきことを示します。

したがって、全部で44句ある『坐禅和讃』は、最終的に「衆生本来仏なり　直に自性を証すれば　この身即ち仏なり」の3句に要約されることになります。

「衆生本来仏なり」は、禅の根本となる教理であり、「迷える心を持つ私たちも、本来は、お釈迦様と同じような仏である」ということです。禅では、すべての生きとし生けるもの（一切衆生）は、それぞれが自覚する、しないにかかわらず、生まれながらに「仏性」を備えているということを教えます。

衆生本来仏なり

私がご指導いただいた人間禅道場の白田劫石《はくたごっせき》老師は、この冒頭の一句「衆生本来仏なり」が『坐禅和讃』の眼目であり、最も大事なポイントであると摂心会の提唱の中でお話されました。同時に、白田老師は、「本来仏なり、という禅の理論を学んでも、我が身に照らして体験的にそのことを把握できなければ、実人生に役立つものではない」ともおっしゃいました。柴山全慶老師の前掲書によれば、仏性とは「金鉱山中の金のようなもの」であり、そのままでは使えません。鉱石中の金を製錬して純金として所有すれば、役立つものになります。「鉱石中の金を精錬する作業」が禅の修行であり、「純金として取り出す」ことを臨済禅では、「見性《けんしょう》」といい、また「悟り」ともいいます。私たち衆生は、修行により「悟り」体験を重ねることによって禅的人格を実現していきます。長年の修行により十分に禅的人格を実現したならば、「この身即ち仏なり」という仏陀の境涯に至ります。それが、禅の修行の目標であり、到達点であるということです。

本来は仏であるはずの私たちも、普通はそのことを忘れています。たくさんの煩悩によって「本来仏である」ことが覆い隠されているからです。それを発見するための手段が禅の修行ですが、より効果的に修行を進めるために、白隠禅師は、修行の手段として公案による禅問答を重視しました。

白隠禅師は、古来1700則《そく》以上もあるといわれる公案の中から、修行者にとって大事なものを選び、時には自ら新しい公案を作り、それらを初心者用から熟練者用まで、教育的配慮から体系的に整備しました。禅の教育手段として、公案体系を整備したことが、大きな功績です。それが大変素晴らしいものであったこともあり、大本山の妙心寺からみれば、孫寺の住職に過ぎなかった白隠禅師が、今日では臨済宗中興の祖として尊敬されています。

では、白隠禅師が重視した公案による修業とは、どのようなものでしょうか？

3　公案による修行とはどのようなものか？

公案を用いる禅問答

日本の臨済宗では、指導者である老師（師家）に正式に入門すると、「公案」という問題を与えられます。この公案について、坐禅会の決まった時間に、修行者が一人ひとり、老師の部屋にいき、一対一で禅問答をします（これを独参《どくさん》あるいは参禅《さんぜん》と呼びます）。

「公案」は、通常の論理的な思考では絶対に解けない問題ですが、それにあえて取り組ませることで、自分の本来の心の姿を気付かせ、様々な思慮分別でがんじがらめになっている心を自由にしていくものです。そのため「公案」は、いくら頭で分析的に考えても正解には至らないものです。

念仏（南無阿弥陀仏《なむあみだぶつ》）やお題目（南無妙法蓮華経《なむみょうほうれんげきょう》）を一心不乱に唱えるように、ひたすら公案を心の中で念じて、全身が公案三昧になったときに、自ずと回答が得られます。

その時の体験を臨済宗では「悟り」というわけですが、古来、1700則の公案といわれるように、公案はたくさんあります。また、「現成公案《げんじょうこうあん》」という言葉があるように、現実世界の様々な事象も見方によっては、立派な公案になります。公案を透過することを一つの「悟り」と捉えるので、臨済禅でいう「悟り」とは、一回限りの体験ではありません。

白隠禅師がよく引用する宋の大慧《だいえ》禅師も「大悟十八度、小悟に至っては数え切れず」と書いていますが、一度の「悟り」体験で修行が完成するわけではないのです。1700とは言いませんが、200~300もの公案に参じて、たくさんの大小様々な悟り体験を積み重ねることで、心を磨いていこうというのが、白隠の禅、すなわち、臨済宗の禅の修行方法です。「悟り」にもたくさんの段階があると捉え、公案をはしごのようにして、次第に高みに登っていくわけです。

もっとも、古来から「味噌の味噌臭きは上味噌にあらず、悟りの悟り臭きは真の悟りにあらず」と伝えられているように、いったん悟りの高みを極めたならば、悟りそのものも忘れて、日常の中で自然に悟りの境涯において生活できるようにならねばならないとされます。

したがって、禅の修行を極めた方は、「悟り」を振り回しません。「悟了同未悟《ごりょうどうみご》」（悟り終わって、いまだ悟らざるにおなじ）という境涯になられます。しかし、自然体の中に禅的人格が躍如としており、禅の修行を始める前とは異なる「人としての香り」があります。「悟了同未悟」の境涯を目指して修行を行うのですが、そうなるためにも、まず最初の悟り体験である「見性」体験が大事であると考えるのが、白隠禅師の禅（臨済宗の禅）です。

4　白隠禅師の「隻手音声《せきしゅおんじょう》」

公案とはどのようなものか？

道元禅師が開宗した曹洞宗では、「悟り」を重視せず、坐禅そのものが悟りの姿であるという立場で、ひたすら坐禅に取り組むことを重視します（「只管打坐《しかんたざ》」といいます）。

どちらが正しいということではなく、どちらも、坐禅に始まり、坐禅に終わるという意味では最終的には同じところに至ると思いますが、途中の方法論に違いがあると理解すべきでしょう。

臨済禅の特徴である「公案」については、「師家」の資格をお持ちになっておられる老師の指導を受けないと、効果が得にくいと思われます。公案は、正解そのものにも意味がありますが、それ以上に、公案に取り組む過程に深い意味があります。仮に、公案の正解を誰かに教えてもらったとしても、現実の人生にはほとんど役に立たないでしょう。老師の指導の下で、公案に取り組み、何度も、老師に独参して禅問答を繰り返すうちに、煩悩妄想に覆われた心が次第に澄んできて、やがて、誰もが持っている仏性にはっきりと気が付く時が来ます。

とはいえ、臨済宗の正統な系譜に属する師家の資格をお持ちの方の数は、決して多くはなく、また、資格をお持ちでも、師家として弟子をとって指導されていない方もおられます。そのため、在家の弟子をとって、公案の指導をしてくださるお師家様は、日本全体でも、おそらく100人もいないのではないでしょうか（正確な人数については、私も知りませんが、在家の師家も含めて、数十人よりは多く数百人よりは少ないであろうと思われます）。

そのため、禅の修行に関心があっても、地理的、時間的に、師家の指導の下に本格的な参禅ができる方は限られていると思われます。この状況は、江戸時代も基本的には同じです。衆生済度《しゅじょうさいど》のために熱心に活動した白隠禅師には、在家の弟子もたくさんおられましたが、中には、大名のように、本格的な参禅弁道が事実上できない地位の方もおられます。そのような方のために、白隠禅師は、たくさんの手紙を書いて、在家禅の修行方法について、懇切丁寧な指導をなされています。それらの手紙の一部は、白隠禅師在世中に白隠禅師が手を加えて「法語」（漢文ではなく、当時の日本語で書かれた仏教に関する文章）として出版されています。

白隠禅師が書いたたくさんの法語の中から、『藪柑子《やぶこうじ》』に収録されている「隻手音声《せきしゅおんじょう》」という文章から公案修行による「見性」という初歩の「悟り体験」はどのようなものか、その要点をご紹介しましょう。

白隠禅師の隻手音声《せきしゅおんじょう》

ほとんどの公案は、中国の禅僧の逸話に基づいていますが、白隠禅師が自ら考えだして広めた有名な公案があります。それが「隻手音声」です。

「隻手音声」の公案とは、以下のようなものです。

〈原文〉

白隠（はくいん）云く（いわく）、

「両掌（りょうしょう）打って声あり、

隻手（せきしゅ）に何の音声（おんじょう）かある。」

〈現代語訳〉

白隠禅師がいわれました

「両手を打てばポンと音がする。

では、片手には、どんな音があるか？　それを聞いてこい」

「隻手音声《せきしゅおんじょう》」とは、要するに「片手の声を聞いてこい」という問題です。両手を打てば、当然音がします。これは、通常の「私」と「相手」もしくは「対象」がある相対的な知識分別の世界です。

それに対して「片手の声」とは、相対的な知識分別ではなく、絶対的な世界、私自身の心の本来のあり方を指しています。「あなたの心の本来のあり方を見極めてこい」という意味です。この公案は、頭で考えても正解はでません。

この公案の正解を知るためには、余計なことを考えずに、ひたすら坐禅をすることです。

まず「数息観」という基本的な修行に取り組み、「数息観」がある程度できるようなった段階で「自己とは何か」という問題を徹底的に疑うことです。そうすれば、少しずつ、白隠禅師が何をいいたいのか分かってきます。

なお、公案は、坐禅を深めるための道具です。大変優れた道具ですが、あくまでも道具に過ぎません。日常の思考では理解できない世界が、公案禅の修行により次第に理解できるようになるという点が魅力です。

ただ、道元禅師のように、坐禅をしっかりできれば、それがそのまま悟りの世界であるともいうことも真理です。たとえ、老師から公案をいただいて、禅問答を繰り返しても、数息観がしっかりできない間は、公案は通りません。数息観が深いレベルでできるようになれば、公案も自ずと通るものです。

「隻手音声」に対する工夫の仕方

さて、「隻手音声」の公案については、白隠禅師自ら、『隻手音聲』(『白隠禅師法語全集』第十二冊)のなかで、工夫の方法などについて詳しく説明されています。そこで、以下に白隠禅師の言葉を引用しながら、「隻手音声」の公案について勉強しましょう。

なお、以下の引用文は『白隠禅師法語全集』全十四冊(芳澤勝弘訳注、禅文化研究所)

から、適宜、現代語訳の部分を引用しています。白隠禅師の原文は、専門の仏教用語や漢語がちりばめられており、かなり難しいので、この本では現代語訳のみ引用いたします。

なお、芳澤勝弘先生（花園大学教授）は、白隠研究の第一人者ですが、芳澤先生の訳文は、学術的レベルが高く、時に難しい漢字や表現が出てくるときがあります。その場合は、筆者の責任で原文の意味を損なわない範囲で、適宜やさしい漢字や表現に修正しております。

今、両手を相い打ち合わせて打てば、パンという音がするが、ただ片手だけを上げたのでは、何の音もしない……（注略）……この隻手の音は、耳で聞くことができるようなものではない。（『隻手音聲』「白隠禅師法語全集」第十二冊より）

これは、公案そのものの説明です。隻手の声は、耳で聞く音ではないことを両手を打った時の普通の音との対比で説明しています。

思慮分別を交えず五感を離れ、四六時中、何をしている時も、ただひたすらにこの隻手の音を拈提（ねんてい）して行くならば、理屈や言葉では説明のつかぬ、何とも致しよう

のないきわまったところに至り、そこで、忽然《こつぜん》として生死の迷いの根源、根本無明《こんぽんむみょう》の本源が破れる。（前出『隻手音聲』より）

これは「隻手音声」の公案に対する取り組み方を説明しています。ここでいう「拈提《ねいてい》」とは、禅の専門用語で、「公案三昧になって公案について参究する」という意味です。初心者にとっては、「隻手の声いかん？」とひたすら「隻手音声」に意識を集中していくことになります。

5　公案に取り組む意味

公案は「自己とは何か？」を問うている

禅とは、「己事究明《こじきゅうめい》」を目的とするといわれます。「己事究明」とは、「自己とは何か？」という問いをあきらめることです。それも、最も本質的な意味で、自己の主体性の根源を瞑想の目によって見つめることを意味します。そのためには、まず、「大疑団《だいぎだん》」という大いなる疑いを持つ必要があると白隠禅師は言います。

どうしたら大悟の歓びを味わうことができるか。「大疑のもとに大悟あり」と申しますように、大疑団を起こすことです。（前出『隻手音聲』より）

「自分とはこういう人間だ」と頭で考えることは、禅的方法によらなくてもできます。自分のプロフィールを作るときなど、自分の過去を子供の頃までさかのぼって、様々な経験やエピソードから、自分という人間を客観的に評価し直す作業をします。時には、それを他人に聞いてもらって、自分の個性を再確認することもします。

しかし、禅でいう「己事究明」とは、そのようなプロフィール作りとは、まったく異なる作業です。自己を客観的に分析するのではなく、そのような客観的な分析を放下《ほうげ》して、「分析的に考えている自己の主体とは何か？」という最も根源的な問いを追求することです。

言いかえれば「今、生き生きと働いている自己とは何者か？」と問うことです。このような根源的な問いに対しては、分析的な思考では答えは出ません。分析的な思考は、自分の頭が作り出したものであり、自己の主体そのものではないからです。

分析的に考えるわけではなく、「自己とは何か？」という問題そのものになりきる工夫が重要ですが、なかなかそのように心を持てないので、公案という問題を老師が弟子に与えて、公案を通して大疑団を起こさせるわけです。初心者に与える公案は、有名な「趙州無字」にしても、「本来の面目」にしても、「隻手音声」にしても、「自己とは何か」という問いであるといえるでしょう。

公案と一枚になる

公案修行において、大事なことは、公案を分析的な思考の対象にしないということです。公案に取り組む最初の段階では、問いの意味を理解するために、ある程度、分析的、知的に理解することは必要です。公案自体が、もとは漢文であったりしますから、言葉の意味を理解できないこともあります。そういう時は、辞書で調べるなり、参考となる本を読むなりして、問いの内容をよく理解することが必要です。しかし、表面的な言葉の意味と、公案が求めている方向性が理解できたら、今度は、分析的な思考を捨てなければなりません。

「隻手音声」という公案に取り組むときは、「隻手の声とは何か」とひたすら心の中で念じ続け、分析的な思考を抑え込んで、自分自身が「隻手の声とは何か？」という問題そのものになりきる工夫が必要となります。それが、拈提《ねんてい》という方法です。

拈提は、禅の公案に取り組むための独特の方法ですが、これを徹底的に行わないと公案は単なるクイズか、知的なパズルの世界になりますから、注意が必要です。公案をクイズのように解いたとしても、何の意味もありません。当然、功徳《くどく》もありません。「己事究明《こじきゅうめい》」という言葉が示すように、本当の問いは、「自己とは何か」を禅的に、根源的に理解することですので、公案を知的、分析的に解いても、本質から外れることになります。

6 見性《けんしょう》について

見性とは自己の本性を見ること

公案を使って「拈提《ねんてい》」のような独特の工夫をする目的とはどのようなところにあるのでしょうか？ その目的は「自己とは何か」という問いに根源的な回答を得ることですが、それを臨済禅では「見性」といいます。

見性とは、心の本源である「仏性」を見届けるということです。白隠禅師は、『藪柑子《やぶこうじ》（隻手音声《せきしゅおんじょう》）』の中で、「見性」するための工夫を以下のように説明されています。

今、この文を読んでいる、その主体は何か。日常生活においても、笑ったり悲しんだり、外界の事象に応じて働くもの、それはいったい何ものか。これは心か、性か。そのものは青黄赤白の色があるものか。内にあるものか外にあるのか、それとも中間にあるのか、とその根源を見届けずんばおくまじと一日中、絶え間なく励み進む。（前出『隻手音聲』より）

「自己とは何か?」「それは心なのか?あるいは、別な本性なのか?」「自己の主体があるとしたら何色をしているのか?」「主体は、そもそも、どこにあるのか?」と徹底的に問うことが大疑団です。このような問いに対して、分析的、理知的に答えることは容易かもしれませんが、禅で問われていることはそのような分析的な回答ではありません。分析的な思考を放下しないと、見えてこないものを問うているのです。それを「見る」ために坐禅という瞑想法があるといってもよいでしょう。

瞑想は第三の認識方法

アメリカのトランスパーソナル心理学の代表的な理論家であるケン・ウィルバーは、『眼には眼を』（青土社）という本のなかで、「瞑想とは、第三の認識方法である」という主張を展開しています。これは、禅でいう「見性」体験をした者には、大変よく理解できる主張です。

ちなみにケン・ウィルバーによれば、第一の認識方法は、「哲学的な思考による認識」、第二の認識方法は「科学的な実験によって検証される認識」となります。認識の方法を3つに分類することが正しいかどうかは、私には判断できません。しかし、少なくとも、禅でいう「見性」体験が、哲学的な認識でもなく、科学的な認識でもなく、まさに「第三の認識方法」というべきものであることは、体験的によく理解できます。

なお、「見性」体験だけが瞑想による認識ではありません。「見性」体験を重視するのは、臨済宗系の禅の場合であり、日本の禅でも曹洞宗系の禅では、「見性」体験をそれほど重視しません。禅的な瞑想による認識は深く静かなものであり、言葉では説明しにくいものです。

各種の瞑想法を実践されている方の中には、瞑想によって幻想的なビジョンを見る方や体外離脱のような特別な経験をされる方もおられるようです。しかし、禅では「魔境」とか、「禅病」といって、そのような幻覚的な体験を評価しません。しかし、幻覚的な瞑想体験をされた方にとっては、それが深い意味を持ち、人生が大きく変わることもあるようですので、一概に否定できないと私は思います。

劇的な瞑想体験はなくても、日常的な瞑想の実践により、自分の中で何か静かな変化が起きたことを感じる方は多いと思います。またその結果、世の中の見方が自然に変わってくる方も多いことでしょう。それらの体験を含めて、瞑想による心の変化を「認識」の変化と捉えることができます。

白隠禅師のいう「見性」体験は幻覚的なものではありませんが、かなり劇的な感動を味わえる素晴らしい体験です。

見性とはどのような体験か?

禅的な瞑想法による自己認識を促進する道具として公案があります。公案は、「大疑団」を起こさせるための道具です。さて、公案の工夫を坐禅をしながら、また、日常生活の中で、続けていくとどうなるでしょうか? 白隠禅師の説明を確認いたしましょう。

いつしか、あれこれ妄想《もうそう》し思う心もなくなり、一切の疑団《ぎだん》もなくなり、一念も生ぜず、男でもなければ女でもない、賢くもなければ愚かでもない、生もなければ死でもない、心はひたすらカラリとして、昼夜の分かちもなく、心も身体もともに消え失せたような、そういう心境を幾度も味わうことでしょう。(前出『隻手音聲』より)

「悟了同未悟《ごりょうどうみご》」の境涯を目指して修行を行うのですが、そうなるためにも、まず最初の悟り体験である「見性」体験が大事であると考えるのが、白隠禅師の禅（臨済宗の禅）です。

「あれこれ妄想し思う心もなくなり、」「一念も生ぜず、」という心境は、疑団三昧、公案三昧になったことを意味します。公案三昧になると分析的思考は放下されて、「心はひたすらカラリとして、昼夜の分かちもなく、心も身体もともに消え失せたような、そういう心境を幾度も味わう」ことになります。

そのような疑団三昧、公案三昧の状態は、非日常的な状態です。そのような心境になっても、なお怖れることなく、疑団三昧の工夫を続けていくならば、どうなるのでしょうか？　やがて、「見性」の時がきます。その時を白隠禅師は、以下のように書いています。

いつしか、心の本源、自性本有《じしょうほんう》のありさまをたちまち見徹し、ありのままの真実の姿が、日輪（太陽）のように現前し、これまでに体験したことのない大歓喜を味わうでしょう。これを見性得悟《けんしょうとくご》というのです。（前出『隻手音聲』より）

（見性すれば）意識の根源は撃砕され、この迷いの世界もまた根本から粉砕されており、ありのままの真実を見届け、行動する智恵がそなわり、一切を正しく見通すことのできる

もろもろの智徳の力がそなわっていることを確信できるのです。(前出『隻手音聲』より)

見性によって自己の原点を確認できる

見性することによって、現実の「迷いの世界」がそのまま素晴らしい「浄土」となることが分かり、自分に「一切を正しく見通すことのできるもろもろの智徳の力がそなわっていることを確信できる」ようになります。ここでいう「智徳の力」とは、「仏性」のことです。

しかし、「仏性が自己にそなわっていること」を明確に認識し、「迷いの現実世界がそのまま悟りの浄土になる」ことを瞑想によって認識できたとしても、現実の生活がすぐにそうなるわけではありません。あくまでも、自分の素晴らしい可能性を認識することが最初の「見性」体験です。自分の素晴らしい可能性を自覚できるということは、それだけで、「大歓喜」をもたらす体験ですが、しょせんは、自分一人の歓びであり、厳しい言い方をすれば、「自己満足の歓び」とも言えます。

とはいえ、「自己とは何か?」を根源的に追求してそれを認識できた時には、自分の原点が定まったようなもので、それまで、雲の中をさまよっていたのが、大地に足がついたような安心感が得られます。また、自分の原点を確認できたことで、今ここに生きていることが楽しくなります。当然、気持ちも明るくなり、元気になります。

このように、「見性」体験、「悟り」体験によって、様々な功徳が得られるのですが、白隠禅師は、そのレベルに腰を据えることを厳しく戒めています。

白隠禅師は、「見性」体験、「悟り」体験を修行者に求めましたが、同時に、「悟後《ごご》の修行」といって、「見性後の修行」を大変重視しました。「悟後の修行」を重視したことも、また、白隠禅師の禅の優れた特質であると思います。

では、白隠禅師のいう「悟後の修行」とは、どのようなものでしょうか?

次章で説明しましょう。

第六章　四弘誓願《しぐせいがん》と延命十句観音経《えんめいじゅっくかんのんきょう》

1　悟後《ごご》の修行

見性後も修行は続く

白隠禅師は、見性《けんしょう》という悟り体験を重視し、自ら「隻手音声《せきしゅおんじょう》」というオリジナルの公案を作って、禅僧ばかりではなく在家の弟子にも、それに取り組ませました。しかし、いくら見性したからといって、それで満足してしまうことを、厳しく戒めています。いったんの悟り体験に満足せずに、見性した後の「悟後の修行」が大切であることを強調しています。

白隠禅師のいう「悟後の修行」とは、一つには、体系的にたくさんの公案に取り組んで心を磨いていくことをいいます。しかし、それ以上に「悟後の修行」として「菩薩行《ぼさつぎょう》」を行ずることを重視されています。

確かに一度は悟ったかもしれないが、そのような悟りはほんの一時的なものでしかない。仮に悟ったとしても、さらに悟後《ごご》の修行をせねば、それまでに染みついた旧習習気《きゅうしゅうじっけ》をなくすことはできない。（『於仁安佐美《おにあざみ》　巻之上・巻之下』白隠禅師法語全集第二冊より）

見性という一度の悟りで満足してはいけないということを白隠禅師は強く訴えています。見性体験というものは、深い感動と大きな喜びを伴うものであり、それだけに天下を取ったような大きな気分になってしまう修行者がいたようです。そこで、白隠禅師は、一度の悟りで満足せずに、悟後の修行をしなければ、それまでに染みついた古い習慣（旧習）や煩悩の影響（習気）をなくすことはできないと戒めています。

一度悟った後の修行はどのようなものか？

では、白隠禅師のいう「悟後の修行」とはどのようなものでしょうか。白隠禅師は、『お婆《ばば》どの粉引《こひ》き歌』という韻文で以下のように説明されています。

悟後《ごご》の修行とはどのような事ぞ……（中略）……
悟後《ごご》の大事はすなわち菩提《ぼだい》……（中略）……

菩提心《ぼだいしん》なきや皆々魔道、菩提心《ぼだいしん》とはどうした事ぞ、……（中略）……
上求菩提《じょうぐぼだい》と下化衆生《げけしゅじょう》なり
四弘《しぐ》の願輪《がんりん》に鞭《むち》当てて、人を助くる業のみ、
人を助くにや、法施《ほっせ》がおもじゃ、法施《ほっせ》は万行《ばんぎょう》の上《う》わもりよ
（白隠禅師法語全集第十三冊『粉引歌　坐禅和讃・ちょぼくれ他』より）

悟後の修行で大事なのは、「菩提心《ぼだいしん》」であり、菩提心がないものは魔道に落ちるといいます。菩提心とは、「上求菩提《じょうぐぼだい》、下化衆生《げけしゅじょう》」のことだと白隠禅師は言います。「上求菩提、下化衆生」とは、「上に向かっては、永遠に無上の悟りを求め続ける。同時に下に向かっては、常に無限の衆生を救済しようとつとめる」という意味です。

平たく言えば、「上求菩提」とは、「自分の人間性を向上させる努力をすること」、「下化《げけ》衆生《しゅじょう》」とは、「少しでも世の中のためにつくすこと」といえるでしょう。

2 「四弘誓願《しぐせいがん》」について

「四弘誓願《しぐせいがん》」は菩薩《ぼさつ》の願い

白隠禅師は、さらに重ねて「四弘の願輪に鞭うって、人を助ける業をせよ」と申されます。「四弘の願輪」とは、菩薩が仏道を求めるときに、最初に持つべき共通の願いである「四弘誓願《しぐせいがん》」のことです。

菩薩とは、仏様を目指して努力する者をいいますが、のちに、仏様と同様の悟りを開きながら、あえて成仏せずに、仏様の手足となって衆生を救う働きをする菩薩が考えられ、深く信仰されました。日本人である私たちには、慈悲の象徴である観世音菩薩《かんぜおんぼさつ》や、智慧の象徴である文殊菩薩《もんじゅぼさつ》が親しみ深い菩薩様です。

菩薩というと、普通は、浅草の観音様のように、素晴らしい神通力を持って人々を救う特別な存在として信仰の対象とみられます。しかし、本来の意味からいえば、仏教に目ざめ、仏道を学ぶ努力する者は、皆「菩薩」です。仏教の信心を持ち、仏教の教えに則った正しい生活をしようと努力している人は、すべて菩薩と呼べるわけです。菩薩は、自身の救いを求める（自利）だけでなく、それ以上に、すべての人やものに対して、慈悲と救いの手をさしのべる利他の心がけが大事であるとされます。それを端的に示したものが、菩薩の共通の願いである「四弘誓願」です。

「四弘誓願」
衆生無辺誓願度（しゅじょう　むへん　せいがんど）
煩悩無尽誓願断（ぼんのう　むじん　せいがんだん）
法門無量誓願学（ほうもん　むりょう　せいがんがく）
仏道無上誓願成（ぶつどう　むじょう　せいがんじょう）

第一句の「衆生無辺誓願度」とは、「衆生は無辺なれども　誓って度せんことを願う」と読み下します。「あらゆる生きとし生けるもの（衆生）を救わんことを願う」という意味です。「下化衆生《げけしゅじょう》」と同じ趣旨です。

第二句の「煩悩無尽誓願断」とは、「煩悩は尽きることなけれども　誓って断ぜんことを願う」と読み下します。「煩悩は尽きることがないけれども、煩悩に流されない生活をするように精進します」という意味です。

第三句の「法門無量誓願学」とは、「法門は無量なれども　誓って学ばんことを願う」

と読み下します。「広大無辺な仏教の教えを学ぶことは簡単ではないが、その教えを学び実践するように精進します」という意味です。

「煩悩無尽誓願断」「法門無量誓願学」を合わせて、「上求菩提《じょうぐぼだい》」に対応するといえるでしょう。

最後の「仏道無上誓願成」とは、「仏道は無上なれども　誓って成《じょう》ぜんことを願う」と読み下します。「仏道を行じて無上の悟りを得ようと精進します」という意味です。前の3か条を実践することによって仏道を完成させようという菩薩の究極の願いです。

3　法華経と白隠禅師

法華経を読んでいるときに大悟した白隠禅師

白隠禅師は、法華経を大変重んじました。一般に「観音経」といわれるお経も、法華経の一部です（妙法蓮華《みょうほうれんげ》経《きょう》観世音《かんぜおん》菩薩《ぼさつ》普門品《ふもんぼん》）。白隠禅師は、11歳の時に母親に連れられて、お寺で地獄の説教を聞いて震えあがりました。それ以来、地獄への恐れが頭から離れず、出家の動機になりました。まだ出家する前、白隠禅師はまだ幼い子供であったにもかかわらず、観世音菩薩をあつく信仰して、毎日、観音経（妙法蓮華経観世音菩薩普門品）を読誦したといいます。白隠禅師の地獄への恐れは、法華経と観音様への信仰の土台になっているように思います。

「その頃、ある人が、観音さまほど、霊験あらたかな仏さまはいない、というのを聞いて、それからは、にわかに普門品《ふもんぼん》を習い始め、わずかに一二夜ですっかりおぼえ、暗誦できるようになった。それからは、夜となく昼となく、いつも怠らず、普門品《ふもんぼん》（観音経）と天神経をよんだ。」

（「壁生草《いつまでぐさ》」白隠禅師法語全集第三冊『壁生草　幼稚物語』より）

白隠禅師は、15歳で出家されたのち、16歳のとき地獄から救われたいという一心で、お経の中の王様といわれた法華経を熟読されました。その時は、法華経の教えを十分に理解することはできずに、かえって「法華経は、たとえ話ばかりだ」とひどく落胆したといいます。しかし、長年の修行を積んだのち、42歳の時には、それまで何十回、何百回も読み返された法華経を読んでいるときに、突然、大悟して思わず声をあげて泣かれたということです。

「（42歳の年の）一夜、法華経を読んでいて、法華経の奥義に初めて徹見することができたと思った。かつて若い時に、法華経はたとえ話ばかりではないかと思ったことがあったが、そんな考えも、これまで得た多くの理解も、大いに誤っていたことを悟らされたのである。そのことに気付くと、思わず声を放って啼泣したのであった。」
（「遠羅天釜《おらてがま》」白隠禅師法語全集第九冊『遠羅天釜　上・中・下・續集』より）

こうして、法華経の深い意味を理解された白隠禅師ですが、私たちのような凡夫には、法華経全体を深く理解することは、なかなかできません。法華経の一部である「観音経」だけにしても、お経の意味を深く理解することは難しいものです。かといって、正脈の師家の指導の下に本格的な参禅弁道をすることは、日常生活に追われる在家の人々には、さらに難しいというべきでしょう。

白隠禅師は、僧侶の指導に力を入れましたが、一般庶民を救うことにも熱心でした。本格的な禅の修行ができない在家の人々が救いを得られるように、「延命十句観音経」というわずか42文字のお経を印刷して、諸方に配り熱心に普及に努められました。白隠禅師75歳の時に刊行された「やえむぐら」という本の中には、『延命十句観音経霊験記』という「延命十句観音経」の功徳を記した文章も発表しています。

「延命十句観音経」は、わずか42文字であり、262文字の般若心経よりも、なお短いお経です。おそらく、日本で普通に読誦されているお経としては、最も短いものでしょう。しかし、短いお経ではありますが、大変深い意味を持っているお経でもあります。「延命十句観音経」の注釈書はいろいろと出ていますが、ここでは、主として伊豆山格堂《いずやまかくどう》師の『延命十句観音経霊験記』（春秋社）と原田祖岳《そがく》老師の『延命十句観音経講話』（大蔵出版）を参考にして、「延命十句観音経」を味わいましょう。

4 「延命十句観音経」について

「延命十句観音経」の本文

まず、「延命十句観音経」の本文とその現代語訳を紹介しましょう。現代語訳は、前掲の参考書など様々な資料を参考に、私の方で一般の方に分かりやすいように書かせていただきました。

【延命十句観音経】　えんめいじゅっく　かんのんぎょう

観世音　南無仏　かんぜおん　なむぶつ

与仏有因　与仏有縁　よぶついん　よぶつうえん

仏法僧縁　常楽我浄　ぶっぽうそうえん　じょうらくがじょう

朝念観世音　暮念観世音　ちょうねんかんぜおん　ぼねんかんぜおん

念念従心起　念念不離心　ねんねんじゅうしんき　ねんねんふりしん

〈現代語訳〉

観世音菩薩に帰依します。仏さまに帰依します。

私たちは、仏さまと同じ仏性を持ち、

仏さまと同じ縁をもった世界に生きています。

私たちは、仏・法・僧の三宝とのご縁により、

常・楽・我・浄という涅槃《ねはん》の四徳を得ることができます。

朝に観世音菩薩を念じ、夕べに観世音菩薩を念じましょう。

一念一念が、すべて仏心から出たものであり、

一念一念が、常に仏心から離れません。それが真の幸せです。

観世音菩薩とは私たちのこと

冒頭の「観世音《かんぜおん》」とは、観世音菩薩のことであり、一般に「観音さま」と呼ばれ、広く親しまれています。私は、浅草のそばに育ち、幼稚園は、浅草寺《せんそうじ》幼稚園でした。浅草寺幼稚園は、文字通り、浅草の観音様をまつっている浅草寺が運営する幼稚園で、浅草寺の管長様が園長でした。そのため、朝礼では必ず、観音様のお話があり、観音さまに向かって全員で手を合わせて拝んでいたことを記憶しています。

のちに、中学生のころに、菩薩《ぼさつ》は仏（如来《にょらい》）を目指して修行中の存在という位置づけであると知り、軽いショックを受けました。私にとっては、観音様こそ、最高の仏様であったからです。しかし、さらに仏教について勉強してみると、仏が衆生を救うために菩薩の姿となり、至るところ、相手に応じて姿を変えて救いの手を差し伸べるのが、観世音菩薩であるということが分かり、安心した記憶があります。

仏には、智慧と慈悲という二つの側面があります。それらを統合したものが、如来（仏）であり、いずれかの働きを具体的に示しているのが、三尊像などであらわされる菩薩です。阿弥陀如来《あみだにょらい》の三尊像では、勢至菩薩《せいしぼさつ》が智慧を表し、観世音菩薩が慈悲を表します。観世音菩薩も深い智慧を持っているのは当然ですが、それ以上に人々を救うという慈悲の働きを強調しているわけです。

仏の慈悲の働きを象徴しているのが観世音菩薩ですが、白隠禅師の一番弟子である東嶺《とうれい》和尚《おしょう》は「本性を呼んで観世音となす」と注釈されています。

「観世音菩薩は、別世界にいるのではない、自分の本心本性こそ、観世音菩薩なのだ」という意味です。観世音菩薩を別世界にいる空想上の存在と考えずに、「自分の心の本来の姿が、観世音菩薩そのものなのだ」と深い自覚を得るのが、禅の修行の眼目です。

「悟り体験」によって、自分の心の本来の姿が観世音菩薩そのものであることに気が付くならば、同時に、世の中のすべての人々も、観世音菩薩であり、生きとし生けるものすべてが、観世音菩薩であり、草も木も大地もすべて、観世音菩薩であることに気がつくことができます。

お釈迦様の悟り

お釈迦様が、深い禅的瞑想の末、暁の明星をみて大悟して成道したときに、次のようにおっしゃられたといわれています。

「一仏成道《いちぶつじょうどう》して、法界《ほっかい》を観見《かんけん》すれば、草木国土《そうもくこくど》、悉皆成仏《しっかいじょうぶつ》」

これは、「自分が大悟して、仏道を完成させたとき、この世の中を見渡してみると、草も木も、大地も、あらゆる存在がすべて、そのまま仏であることに気がついた」という驚きと喜びの声です。お釈迦様ほどの大きな悟りを開くことは、凡夫である私たちには無理かもしれませんが、「見性」という初歩の小さな悟りを体験しただけでも、このお釈迦様の言葉には、深く共感します。

山田無文《むもん》老師は、お釈迦様の悟りについて

「この世の中に美しくないものはない。

一木一草、すべての美しさに心の眼を開くべきである」

と説法されています。

程度の差こそあれ、わずかでも、心の眼を開くことができれば、世界の美しさ、素晴らしさに驚きますし、このような素晴らしい世界に、自分が生かされて生きているご縁に深い感謝の気持ちが自然に湧いてきます。このような体験をできるだけでも、禅の修行は素晴らしいものがあると思います。

次の「南無仏《なむぶつ》」の「南無」は、帰依《きえ》と訳します。「深く信じて頼む」という意味です。観世音菩薩は、菩薩であっても、仏の慈悲の働きを示すもので、本質は、仏と変わりありません。したがって、観世音菩薩に帰依して、観世音菩薩を深く信じることは、同時に、仏に帰依することになります。そのため、「南無観世音菩薩《なむかんぜおんぼさつ》」は、同時に「南無仏」であるということです。

誰もが仏と同じ因子を持つ

「与仏有因《よぶつういん》」とは、私たちは、仏様と同じ因子を持っているということです。この因子を「仏性」といいます。白隠禅師の『坐禅和讃』は「衆生本来仏なり」から始まりますが、「与仏有因」とは、すなわち「衆生本来仏なり」です。私たちの本質は、仏様と同じであり、仏様になれる完全な素質を持っていることを示します。

「与仏有縁《よぶつうえん》」とは、すべての人は仏様とご縁があるという意味です。この場合の「縁」とは、仏教について勉強したり、修行したり、信心を持つことです。私たちは、全員が仏様と同じ素質を持っているので、仏教を学ぶご縁があれば、誰でも、仏様に近づいていくことができるのです。

「仏法僧縁《ぶっぽうそうえん》」とは、「仏法僧」という三宝《さんぽう》とのご縁を私たちが持つことです。「仏」とは、仏法を体得体現した人をいい、「法」とは、教えの内容をいい、「僧」とは、仏を尊びその教えを学ぶ人々の集団のことです。仏教とは、「僧」の指導を受けて、「法」を学び、「仏」に近づいていく道といえるでしょう。

なお、この場合の「僧」は、職業としての僧侶だけではなく、たとえば、中村元博士

（文化勲章受章）のような仏教学者はもちろん、自分よりも仏教についてより深く学んでいる諸先輩や道友を含むと考えればよいでしょう。また、今現在、お付き合いのある方々だけではなく、書物を通して私たちに教えをくださる先人も含まれると思います。いずれにしても、師友の直接的指導に加え、先人の書物を通して、仏教を学んでいくことが、仏様とのご縁そのものであるわけです。

涅槃《ねはん》の四徳

「常楽我浄《じょうらくがじょう》」とは、「涅槃の四徳」といわれるもので、観世音菩薩が備えている徳であるとともに、仏教を学ぶ者が目指すべき四つの徳をいいます。

「常徳」とは、常住不変《じょうじゅうふへん》の智慧と慈悲のことです。観音様は、いつでも、どこでも、誰に対しても、慈悲の心を持って、私たちを救ってくださるのですが、それを常に深く信じられるのであれば、それが私たちにとっての「常徳」です。

「楽徳」とは、苦しみの多いこの世の中にあっても、正しい教えを信じて、苦しみを受け止めることができれば、この世がそのまま楽しみの世界になるということです。仏教を深く学ぶことによって、この世の苦楽を超越した真の楽しみを味わえることを意味します。

「我徳」とは、「俺が俺が」と自分の利益ばかりを考える「小我」を去った「大我」の状態です。私たちの心が、我見に振り回されない状態をいうと考えればよいでしょう。

「浄徳」とは、清らかであるということですが、きれいとか、汚いとかいう、相対的な対立を乗り越えた絶対的な清らかさを意味します。人間の心の姿は、本来、清浄なるものであると深く納得できた状態といえるでしょう。

「常楽我浄」の四徳は、私たち凡夫にとっては、大変難しい理想の心の状態です。この「常楽我浄」に至ることが、仏教を学ぶものの願いといえるでしょう。観世音菩薩を信じ、「仏法僧」とのご縁によって学んでいくならば、「常楽我浄」の境地に近づいていけるということを『延命十句観音経』は端的に示しています。

観世音菩薩を念ずることで真の幸せに至る

「朝《ちょう》念《ねん》観《かん》世《ぜ》音《おん》　暮《ぼ》念《ねん》観《かん》世《ぜ》音《おん》」とは、朝な夕なに観世音菩薩を念じます、あるいは念じなさいという意味です。「観世音菩薩を念ずる」ということは、「常楽我浄」の境地に近づけるように観音様が助けてくださると深く信じることであります。

「念念《ねんねん》従《じゅう》心《しん》起《き》　念念《ねんねん》不《ふ》離《り》心《しん》」とは、一念一念が仏心を離れないようにするということです。人間の本質からいえば仏様と同じ素質を有するといっても、実際には、煩悩《ぼんのう》に引きずられて、悩み苦しむことの方が多いのが私たち凡夫の姿です。仮に、人生が順風満帆で楽しみや歓びに満ちた状態であったとしても、私のような凡夫は、自己満足に陥って堕落したり、自己を過信して傲慢につながることも、しばしばあります。

そうならないように、常に仏心を離れないように、今というこの一念を大事にしなさいという教えです。一念一念が仏心を離れない状態にあれば、自然に真の楽しみに至り、仏教が考える真の幸せにたどり着くことができるでしょう。

白隠禅師は、このような教えが書いてある「延命十句観音経」を毎日何回も読誦することを勧めておられます。そうすることによって、多大の功徳があると『延命十句観音経霊験記』に書かれています。「延命十句観音経」を読誦することで功徳を期待するということは、観世音菩薩という仏様に対する他力本願の教えのように受け取れます。考えようによっては観音様を対象とした「念仏」のすすめともいえます。

はたして、白隠禅師は、観世音菩薩を「念仏せよ」と勧めているのでしょうか?

禅宗本来の教えは、禅の修行によって仏様の境地に少しでも近づいていくという「自力《じりき》本願《ほんがん》」です。それに対して、浄土宗に代表される念仏の教えは、「南無阿弥陀仏《なむあみだぶつ》」と阿弥陀如来を念仏し、阿弥陀様のお力にすがって救われようとする「他力本願《たりきほんがん》」の教えです。教えの方向性は逆ですが、白隠禅師と同時代の中国では、禅の修行と念仏を兼修する念仏禅が主流になっており、その影響もあって、日本の禅僧の中にも、念仏を兼修するものが少なからずいたようです。白隠禅師は、そのような念仏と禅との良いとこ取りをするような禅僧の態度には、大変否定的でした。

しかし、白隠禅師は、他の宗派の教えそのものを否定しているわけではありません。念仏も坐禅も、仏の教えであることに変わりはなく、取り組み方によって得るところは同じであるというのが、白隠禅師の考えです。白隠禅師は、信心の対象ではなく、信心する人の側の取り組み方を問題にしています。正しい取り組み方をすれば、坐禅も、浄土宗の念仏（南無阿弥陀仏《なむあみだぶつ》）も、日蓮宗の題目（南無妙法蓮華経《なむみょうほうれんげきょう》）も、あるいは「延命十句観音経」の読誦も同じであるということになります。

次節以降では、浄土教の念仏（南無阿弥陀仏）や日蓮宗の題目（南無妙法蓮華経）に対する白隠禅師の考えを学びましょう。

5　白隠禅師と念仏（南無阿弥陀仏）

念仏三昧で救われる

当時から多くの人々に信じられていた浄土教の念仏（南無阿弥陀仏）と日蓮宗の題目（南無妙法蓮華経）については、白隠禅師自身の解説があります。まず、念仏について白隠禅師の考えを『遠羅天釜《おらでがま》』という白隠禅師の代表的な法語によって確認したいと思います。

「坐禅であれ念仏であれ、努め努めて一念も生じぬところに到り、やがて仏智を得ることができるならば、どんな修行法であれ、得るところは同じである。」

「一人は、趙州《じょうしゅう》無字の公案に取り組み、もう一人はもっぱら念仏称名《ねんぶつしょうみょう》している。無字の公案でも、工夫純ならず志念堅くないならば、何十年取り組んでも何の効果もない。一方、念仏の行者が、念仏そのものとなって、ひたすら称名《しょうみょう》していくならば、三四日ないし十日ほどの間に、仏智渙発《ぶっちかんぱつ》して、たちまち往生《おうじょう》の大事を決定《けつじょう》することもあろう」(以上、白隠禅師法語全集第九冊『遠羅天釜　上・中・下・續集』より)

まず、坐禅も念仏も、坐禅三昧、念仏三昧になって、心が純一になるならば(「努め努めて一念も生じぬところに到ることができるならば」)、どんな修行法も得るところは同じであるといいます。この発想法自体、極めて禅的な考え方であると思われます。

坐禅をしていると、次第に「富士山に登る道はいくつもあるが、たどり着く頂上は同じであるように、信じる道は様々でも至りつくところは同じである」という感覚が自然に生まれてきます。そうなると、仏教にもこだわらなくなり、他の宗教、たとえばキリスト教でも、それを心から信じるならば、同じ頂上に至ることができるはずだと考えることになります。

禅では、信じる対象よりも、あるいは、教えの内容よりも、それに取り組む人の心のあり様を重視します。そうなると、三昧になって取り組むならば、仕事三昧、遊び三昧でもよいという発想にもつながります。

静かに坐禅をすることを「静中《せいちゅう》の工夫」というのに対して、日常生活の中で、三昧になって何かに取り組むことを「動中《どうちゅう》の工夫」といいます。白隠禅師は、在家の弟子に対して「動中《どうちゅう》の工夫は、静中《せいちゅう》の工夫に勝ること千億倍する」という手紙も書かれています。

「仕事三昧」で人生が充実して楽しいのであれば、それはとても幸せなことですが、実際は、なかなか、そうはいかないのが人生です。人生には、仏教でいう「四苦八苦」(生老病死など)という様々な苦しみがあります。その苦しみを深く感じる人にとっては、まず「静中の工夫」である坐禅に取り組むことが、救いへの最初の一歩になるというのが、禅の教えです。坐禅という「静中の工夫」で養った禅定力《ぜんじょうりき》(坐禅によって養われる心の安定や集中力など)を日常生活に及ぼしていくのが、動中の工夫です。「静中の工夫」が基本であり、「動中の工夫」は、その応用編といえるでしょう。いくら「動中の工夫」が大事であるといっても、やはり「静中の工夫」である坐禅が大事であることには変わりありません。同様に、浄土宗ならば、「南無阿弥陀仏」という念仏が基本となり、キリスト教ならば、神への祈りが心の救いへの第一歩となるわけです。

一遍上人《いっぺんしょうにん》の逸話

禅と念仏については、鎌倉時代に時宗を開いた一遍上人《いっぺんしょうにん》に有名な逸話があります。一遍上人は、法然《ほうねん》（浄土宗の開祖）、親鸞《しんらん》（浄土真宗の開祖）と並び称される偉大な念仏の行者です。一遍上人が念仏の道を求めていた若い時の話であると思いますが、当時の偉大な禅僧である法燈国師《ほうとうこくし》に参禅したことがあります。一遍上人は、法燈国師に念仏の心を歌にして示しました。

「唱《とな》うれば　仏も我もなかりけり　南無阿弥陀仏《なむあみだぶつ》の　声のみぞして」

この和歌に対して、法燈国師は、「良いことは良いが、まだ足りぬ」と肯定しません。

一遍上人は、さらに工夫して、

「唱《とな》うれば　仏も我もなかりけり　南無阿弥陀仏　南無阿弥陀仏」

と和歌を作り直して、法燈国師に示したところ、法燈国師は、これでこそ、真の念仏者であると大いに肯定されました。

最初の和歌と次の和歌とは、最後の7文字が異なるだけですが、「声のみぞして」という句は、念仏をする自分とそれを観察している自分が分かれておりますから、禅的にいえば、まだ足りないということになります。「南無阿弥陀仏　南無阿弥陀仏」であれば、まさに念仏三昧です。

しかし、原田祖岳老師は、これでもまだ足りないと『坐禅和讃講話』（大蔵出版）に書かれています。祖岳老師は、最初の「唱うれば」が説明的であるので、さらに工夫の余地があるとして、次の和歌を示されています。

「南無阿弥陀仏　仏も我もなかりけり　南無阿弥陀仏　南無阿弥陀仏」

念仏の対象である「阿弥陀仏」も、念仏も唱える「自分」も忘れて、唱えていることさえ忘れて、ただ、ひたすらに「南無阿弥陀仏」三昧《ざんまい》になっているのが、禅者が考える本当の念仏です。

さて、念仏三昧になって「仏智《ぶっち》が渙発《かんぱつ》して往生《おうじょう》の大事が決定《けつじょう》する」とはどのようなことでしょうか。白隠禅師は、以下のように詳しく説明されます。

「生も死も思わず、ひたすら唱えて一心不乱の境地に入るならば、そこに忽然《こつぜん》として仏法の大事が現前し、往生するのである。このような人を真正に見性した人という。こうなるならば、この身がそのまま全世界に充満する阿弥陀さまであり、そこにおのずから七重の宝樹、八功徳池など浄土がありありと出現するであろう。」

（白隠禅師法語全集第九冊『遠羅天釜　上・中・下・續集』より）

白隠禅師によれば、一心不乱に念仏三昧になるならば、いつかは、見性することができ、自分自身が、阿弥陀様と同じであることが分かります。さらに、見性の大歓喜により、この世がそのまま浄土のように感じられるといいます。

白隠禅師によれば、公案も念仏も見性するための手段の違いであるわけです。

このように考えれば、「南無阿弥陀仏」の代わりに『延命十句観音経』を読誦することも本質は同じであり、ただ「南無観世音菩薩」と唱えることも、同じことになります。そこで、仏教を深く信じていても、本格的な坐禅の修行をする余裕がなく、また、『法華経』のような長いお経を読めない在家の弟子には、『延命十句観音経』の読誦を勧められたのではないかと思われます。

6　白隠禅師とお題目（南無妙法蓮華経）

念仏もお題目も公案と捉える

白隠禅師は、法華経を大変重んじ、法華経に関する法話をすることもありました。代表的な法語である『遠羅天釜《おらでがま》』には、白隠の法華経講話を聴いた法華宗の老尼からの質問に答える手紙が収録されています。これを読むと、白隠禅師の考える法華経の本質とお題目（南無妙法蓮華経《なむみょうほうれんげきょう》）の心得がよく分かります。

白隠禅師の考える法華経《ほけきょう》とは、「心の外に法華経なく、法華経の外に心はない」というところにあります。白隠禅師の考えでは、「釈尊の説かれた教えを記した仏教経典は5400巻以上もあるが、その最高の教えは『法華経』8巻に収まり、『法華経』6万4千字余の極意は「妙法蓮華経」の5字に縮まり、「妙法蓮華経」の5文字は「妙法」の2字に圧縮され、「妙法」の2字は「心」の一字に帰する」ということになります。

逆に「妙法」の2字であらわされる一心を展開するならば、世界全体、宇宙全体を包含し、これを収めれば、無念無心の自性（仏性）に帰するので、「心外無法《しんげむほう》」（心の外に世界はない）とも、「三界唯心《さんがいゆいしん》」（世界はすべて心に帰する）とも、「諸法実相《しょほうじっそう》」（仏の智慧から見る諸々の存在のあるがままの真実の姿かたち）ともいうといいます。

なぜ、一心を展開すると宇宙全体になり、逆に宇宙全体は一心に帰するのかについては、白隠禅師の深い「悟り」体験に基づく見解ですから、簡単には理解できません。ただ、禅でいう「見性」体験をすれば、人間の心は深いところで宇宙全体とつながっているのではないかという実感が得られます。それを仏教哲学的に表現すると「心外無法」とか、「三界唯心」という表現になると理解しておけば、私たち在家の一般人にとっては十分でしょう。

白隠禅師としては、「念仏」（南無阿弥陀仏）であれ、お題目（南無妙法蓮華経）であれ、それを一つの公案として、三昧になって念じれば、見性という悟り体験ができるということを伝えたいのです。見性することによって「当所すなわち蓮華国《れんげこく》　この身すなわち仏なり」（この世はすなわち浄土であり、自分はそのまま仏様である）（「坐禅和讃」より）という心境に到達できるというのが、白隠禅師の教えです。

7　白隠禅についてのまとめ

「四弘誓願《しぐせいがん》」の実践が悟後の修行

「四弘誓願」という理想を持って、自利利他《じりりた》の努力をすることが白隠禅師の「悟後の修行」です。

私が指導を受けた白田老師は、たびたび、「釈迦《しゃか》も達磨《だるま》も修行中」と提唱の中でお話しされました。今考えれば、それは「四弘誓願」をこの世の中で実現していくことの難しさと大切さを伝えていたのだと思います。

菩薩の願いをもって仏道を完成させようとするのであれば、世界中のすべての人が救われなければなりません。それは、遠い将来の課題というべきでしょう。私たちは、いくら坐禅をしたからといって、それで偉くなるというわけではありません。あくまでも、仏道の高い理想の実現に向けて、一歩一歩、歩む存在です。そのことを忘れてはいけないということを私の最初の師匠である白田老師《はくたろうし》は「菩提心《ぼだいしん》を持て」という言い方で強調されていました。

わが身をひるがえると、どこまで「菩提心」を持てているのか、「四弘誓願」をどこまで実行できているのか、ただただ、恥ずかしくなるばかりです。しかし、「禅の心」とは、実は個人の成功や幸せにとどまらず、衆生済度《しゅじょうさいど》を願う菩薩の「菩提心」にあることは、白田老師のおかげで理解できたように思います。

「四弘誓願」の眼目である「上求菩提《じょうぐぼだい》　下化衆生《げけしゅじょう》」（自分の人間性を向上させる努力をし、少しでも世の中のためにつくすこと）は、仏教徒だけではなく、すべての人に当てはまる理想といってよいでしょう。

立田英山《たつたえいざん》老師の「正しく楽しく仲良く」

人間禅道場では、人間禅を創唱された立田英山老師が、「上求菩提　下化衆生」を「正しく　楽しく　仲良く」という分かりやすい標語にまとめています。

「正しく」というのは、「上求菩提」にあたります。人間性を向上させるために努力し、仏道にかなった正しい人生を送るということです。

「仲良く」とは、「下化衆生」に当たります。ことさらに「世のため、人のため」と力まずに、まわりの人と相和して仲良く生きることによって、自ずと世の中を明るくしていくことに貢献できるという意味であると、私は解釈しています。

「楽しく」は、「正しく　仲良く」の全体にかかると考えるべきでしょう。「上求菩提下化衆生」という理想をもって自らの人間性を磨く努力をし、世の中を良くするために貢献することは、本来楽しいことだという意味です。

『論語』に、「これを知る者は、これを好む者に如《し》かず。これを好む者はこれを楽しむ者に如《し》かず」（『論語』「雍也第六」より）という言葉があります。「よく知る人は、好む人には及ばない、よく好む人は、楽しむ人には及ばない」という意味です。「上求菩提　下化衆生」という理想を追求するにしても、それを楽しむ境地になれることが、禅仏教の理想といえるでしょう。

ビジネスの世界においても、「正しく　楽しく　仲良く」を実践できれば失敗しないのではないでしょうか。もちろん、経済全体の景気循環の問題がありますから、「正しく　楽しく　仲良く」を日々実践しても、やはり人生には山もあれば、谷もあることでしょう。それでも、長い目で見れば、「正しく　楽しく　仲良く」生きている人、あるいは、生きようと意識している人は、より良い方向に人生が展開するように思います。

「正しく　楽しく　仲良く」という標語は、小学生でも分かるほど簡単な言葉ですが、80歳のお年寄りでも完全に実行することは難しいものです。しかし、「正しく　楽しく　仲良く」を意識することによって、より良い人生が生きられるという意味で、大変味わい深い言葉であると思います。

誰もが「見性《けんしょう》」する必要はない

白隠禅師は「悟後の修行」を強調にされましたが、まずは、「見性」という初歩の悟り体験を目指して修行することが大事であることに変わりありません。ただ、修行の手段としては、その人のご縁によって、禅の公案でも、念仏（南無阿弥陀仏）でも、題目（南無妙法蓮華経）でも、あるいは、「延命十句観音経」でも結構であるということです。

とはいえ、見性するまで禅の修行をすること、特に公案を使った修行をすることは、忙しい現代人にとっては、なかなか難しいことです。また、時間と意欲があっても、公案修行を指導してくださる坐禅道場にご縁がないと、一人では、なかなかできません。また、万人が万人、見性する必要があるかといえば、その必要はないといえるでしょう。

見性すれば、宗教的な大歓喜、大安楽が得られるのは、間違いありません。しかし、多くの方にとっては、その前段階である「心が落ち着いて、集中力や決断力や創造性が高まり、慈悲の心が養われる」というレベルの功徳を禅によって得られれば十分であると思われます。

「心が落ち着いて、集中力や決断力や創造性が高まり、慈悲の心が養われる」というレベルの功徳であれば、第三章でご紹介した「イス禅」を毎日20分程度行うことで得られます。また、白隠禅師が勧める「延命十句観音経」を日に3回でも5回でも、心を込めて読誦したり、心の中で念ずることでも得られます。
「イス禅」や「延命十句観音経」によって心の平安を得て、それをまわりの方に及ぼしていくことができれば、十分に素晴らしいことでありましょう。

清らかな心には福楽が伴う

インドで作られた原始仏典の中に『法句経《ほっくきょう》』（ダンマパダ）という有名なお経がありま す。その中に、すべては心の働きであることを簡潔に示す言葉があります。

「ものごとは心にもとづき、心を主とし、心によってつくり出される。
もしも、汚れた心で話したり行ったりするならば、苦しみはその人に付き従う。
ものごとは心にもとづき、心を主とし、心によってつくり出される。
もしも清らかな心で話したり行ったりするならば、福楽はその人につき従う」
『ブッダの真理のことば・感興のことば』（中村元訳、岩波文庫）

「汚れた心には苦しみが伴い、清らかな心には福楽が伴う」という教えです。これが仏教の因果応報の教えの眼目であると思います。

禅宗で最も重んじられる古典の一つである『無門関《むもんかん》』にも、「不昧因果《ふまいいんが》」（因果をくらまさず）という言葉が出てきます。ひとつひとつの因果をごまかさず、ありのままを受け入れて対応することが悟りを開いた者の本来の姿であるということです。

「因果をごまかさない」という禅の教えは、心のあり方によって人生が展開していくという『法句経《ほっくきょう》』（ダンマパタ）の言葉と重ね合わせることで、私たちにとって、いっそう身近な教えになります。

「心を清らかにする」には、両忘庵釈宗活《りょうぼうあんしゃくそうかつ》老師のいわれる「養道の工夫」が必要であり、そのための一つの方法として、禅の修行や仏教の教えがあります。

普通の社会人としての仕事や生活をしている私たちにとっては、出家された禅僧のような厳しくて純粋な修行をすることは難しいことです。しかし、仏教にかぎらず、東西の古典など良書を読むことに加え、イス禅などの瞑想法を日々実践していくことによって、「清らかな心」が次第に養われていくことでしょう。

それによって自ずと私たちの人生にも福楽が訪れるという『法句経』の教えを信じたいと思います。

おわりに

「21世紀のビジネスパーソンには、あふれる情報の中で、自分を見失わずに創造性を高めるために、毎日実施できる何らかの瞑想法が必要ではないか」

というのが、この本を書かせていただいた私の問題意識です。

私自身は、学生時代に深刻な「抑うつ状態」（当時はノイローゼといわれました）になったことをきっかけに、臨済宗系の人間禅道場と出会い、以来30年近く、細々とですが、禅の修行をしてきました。しかし、禅の修行は、あくまでも自分の心を豊かにするためであり、ビジネスとはあまり関係がないと考えておりました。

ところが、２００４年頃、公認会計士としての仕事が面白くてワーカホリックのようになり、１年以上も日々の坐禅をさぼっていたら、再び軽度のうつ病を発症しました。幸い、そのときは、２週間休んだだけで仕事に復帰できましたが、それ以来、ビジネスをより良く行うためにも、日々の坐禅は大事なものであることを痛感しました。

また、２００８年の厚生労働省の発表で日本のうつ病患者が10年間で２・5倍に激増し、ついに１００万人を超えたということが話題になりました。実際、私が勤務していたあずさ監査法人でも、あるいは監査先の企業でも、従業員にうつ病が増加していることが問題視されていました。

そのころから、本格的な坐禅の修行とまではいかなくても、毎日10分でも、20分でも、禅的な瞑想をすることが、ビジネスパースンの心の健康を保つために有効ではないかと考えるようになりました。

さらに、アップル創業者のスティーブ・ジョブスが、30年以上もサンフランシスコ禅センターで、禅や茶道を学んでいることを知りました。最も創造的で決断力に富んだ経営者の1人であるスティーブ・ジョブスの心の師は、日本人の禅僧である乙川弘文《おとかわこうぶん》老師だったのです。スティーブ・ジョブスが2005年にスタンフォード大学の卒業式で来賓として行った有名なスピーチでは「内心の声と直観に従う勇気を持つことの大切さ」を強調していますが、大変禅的な発想であると思います。

坐禅は、創造性や決断力を高めるという話はよく聞いておりましたが、スティーブ・ジョブスという実例を知って、大いに納得がいった次第です。

仏教では、もともと学びの道について「戒《かい》・定《じょう》・慧《え》」の三学という捉え方をします。

ビジネスに引き付けて解釈すれば、「戒」は、広い意味のスキル教育といえます。

「慧」は、知識や哲学など知的教育によって智慧を磨くことです。

それに対して、「定」は「禅定《ぜんじょう》」の意味で、現代風に言えば瞑想にあたります。仏教では、スキルや知識教育に加えて、瞑想によって心の眼を開くことを大切な学びの道として重視します。

「定」の方法は、宗派によって様々であり、「念仏」や「題目」を唱えることも、一心不乱にこれを行えば、立派な「定」になります。しかし、「定」そのものを深く追求したのが、禅宗で行う坐禅の修行です。

瞑想法には、様々な方法がありますが、日本人にとっては、日本の伝統文化と密接な関係のある禅が一番良いと思います。しかし、本格的な坐禅は、坐相を身につけるのにかなりの訓練が必要なので、忙しいビジネスパースンにはお勧めしにくいものがあります。

何か良い方法はないかと考えていた時に、様々な禅僧の方々が昭和40年代からイスに腰掛けて行う「イス禅」をカルチャーセンターなどで一般の人向けに指導されていることを知りました。私自身は、もっぱら坐禅をしていたのですが、イス禅を試してみると、坐禅と同様に十分な瞑想効果があることを実感しました。

それ以来、「忙しいビジネスパースンには、禅的瞑想法としてのイス禅をお勧めしたい」と考えるようになり、本書では、坐禅ではなく、もっぱら「イス禅」のやり方を解説しました。

この本ができるまでには、たくさんの方のお世話になりました。

この場をお借りして関係者の皆様に心から御礼申し上げます。

監修者の箱田忠昭先生は、税務経理協会に私を紹介していただき、監修までお引き受けいただきました。箱田先生のお力添えがなければ、この本は世に出ませんでした。

名古屋大原学園の学園長である杉山巌海《がんかい》先生（税理士）には大変励ましていただきました。そもそも、公認会計士である私が禅に関する本を書こうと思い立ったのは、杉山巌海先生が主催する「人間学読書会」に参加して、滋味あふれる杉山先生のお話を聞いたことがきっかけでした。杉山先生の温かい励ましのおかげで、この本を書くことができました。

セミナープロデューサーであるヒューマンプロデュース・ジャパンの茅切《かやきり》伸明社長と安藤裕治さんには、この本をプロデュースしていただき、様々な助言をいただきました。この本が禅を知らない方にとっても読みやすいものになったとしたら、茅切さんと安藤さんのアドバイスのおかげです。

ＳＭＢＣコンサルティングの山口伸一部長は、私の禅セミナーを「ビジネス禅」と命名してくださいました。公認会計士である私が、ビジネスパースン向けに行う禅をテーマにしたセミナーとしては、まさにぴったりの名前です。とても語感が良いので、この本の題名にも使わせていただきました。山口さんは、セミナー業界における恩人です。

税務経理協会の峯村英治部長には、遅筆の私を辛抱強く励ましていただきました。峯村さんの応援がなければこの本は、書き上がらなかったでしょう。

また、『白隠禅師法語全集《はくいんぜんじほうごぜんしゅう》』全十四冊（禅文化研究所刊）を訳注された芳澤勝弘先生とそれを編集された禅文化研究所編集部の西村恵学《えがく》師の学恩については、心から感謝しております。私は、『白隠禅師法語全集』のおかげで、白隠さんの膨大な法語を読むことができました。芳澤先生は白隠研究の第一人者であり、現在も、白隠禅師が残した漢文による書物の訳注作業をされておられます。芳澤先生の研究業績は、今後の白隠禅師理解のための基本文献となることでしょう。

最後に、私の最初の禅の師である磨甎庵白田劫石《ませんあんはくたごっせき》老師（故人、千葉大学名誉教授）のご霊前にこの本を謹んでささげたいと存じます。本を書きながら、20代から30代にかけて、夢中になって白田老師に参禅した日々が常に頭によぎりました。

白田老師のおかげで、私は、抑うつ状態から立ち直ることができ、公認会計士になることもでき、このような本を書くこともできました。

白田劫石老師は、千葉大学で西洋哲学や倫理学を教えつつ、在家のまま、30代で禅の奥義を極め、人間禅道場の立田英山老師の法嗣《はっす》（禅宗において、正式に師匠の教えを受け継いだ弟子のこと、師家として後進を指導する資格を持つ）となられた方です。

白田老師は、純然たる禅の理想を追求した求道の人でした。同時に、在家禅の指導者として、93歳でお亡くなる直前まで、広く禅の普及と弟子の指導のために身命を惜しまぬ努力をされました。白田老師の、禅普及の志の一端なりとも継ぐことができるならば、この本を書いた意味があったと思います。

末筆ながら、この本を最後まで読んでくださいました読者の皆様に、心から感謝申し上げます。

監修者紹介

箱田　忠昭（はこだ　ただあき）

■プロフィール

インサイトラーニング株式会社代表取締役。特定非営利活動法人日本プレゼンテーション協会理事長。慶応義塾大学商学部卒業，ミネソタ大学大学院修了。日本コカ・コーラ広告部マネージャー，エスティ・ローダーのマーケティング部長，パルファン・イブ・サンローラン日本支社長を歴任後，1983年にコミュニケーション中心の研修会社，インサイトラーニング株式会社を設立し，現在に至る。交渉，セールス，プレゼンテーション，時間管理などのコミュニケーションスキルの専門家として，企業人の教育研修，経営者から新入社員を対象とした講演活動は年間300回以上に上る。学生時代に「生をあきらめ，死をあきらめる」という道元の言葉に興味を持ち，己事究明を決意，鎌倉報国寺の菅原義道老師に参禅，以来40年間の坐禅修行を行う。

現在　インサイトラーニング株式会社　代表取締役
　　　特定非営利活動法人日本プレゼンテーション協会理事長
　　　サンフランシスコ州立大学客員教授

●著　　書

「駄目でもともと」で行動する人はかならず成功する（サンガ）
夢をかなえる実現力（日本能率協会マネジメントセンター）
面接力トレーニング（ＴＡＣ出版）
禅語で成功は加速する（成美堂出版）
プレゼンのルール（明日香出版）
値切りを封ずる商談技術（税務経理協会）
「あがり症」を技術と習慣で克服する（Doyukan Brash Up Series）
「できる人」の話し方＆人間関係の作り方（フォレスト出版）
「できる人」の聞き方＆質問テクニック（フォレスト出版）　他100冊以上

著者紹介

笠倉　健司（かさくら　けんじ）

1961年生まれ。開成中学・開成高校卒，1980年早稲田大学政治経済学部入学後，深刻なノイローゼ（抑うつ状態）になる。そこからの復帰のため，臨済宗円覚寺の法系に属する在家のための本格的な禅道場「人間禅道場」で臨済禅の修行に打ち込み，1984年白田劫石老師から「神蔵（じんぞう）」という居士号をいただく。禅の修行と並行して，東洋思想，特に安岡正篤先生の著書に傾倒し，人間学の重要性を知る。安岡教学を通じて儒教（論語などの教え）への興味が昂じ，早稲田大学政経学部を中退し，早稲田大学第二文学部に転入学し，朱子学を中心に東洋哲学を学ぶ。

1987年早稲田大学卒業後，高校の国語科講師の職を得るが，1989年，28歳のときビジネスを知らない自分が教壇に立つことに疑問を持ち，公認会計士として多くの企業でビジネスを体験することを決意。1992年，31歳で公認会計士試験に合格。４大監査法人のあずさ監査法人に入職し，上場企業の監査，株式公開，Ｍ＆Ａなど財務，会計の第一線で活躍する。

2008年に約15年間勤務したあずさ監査法人を退職し，アーク監査法人のパートナー（出資者兼役員）に就任する。リーマンショック後の混乱やＩＦＲＳ（国際会計基準）へのコンバージェンスなど会計基準の激変を現場で体験する。その中で，欧米流の「効率性，収益性を過度に重視する経営」には短所もあることを理解し，日本的な「人間性を尊重する経営」を再評価する必要があると確信する。

2010年９月，アーク監査法人を退職して有徳経営研究所㈱を設立。「人材は企業の財，心の豊かさは人の財」との信念を持ち，人間学の学びを基礎とした「徳のある経営」の研究とそれを担う人財開発支援をライフワークとする。同時期に研修業界の第一人者箱田忠昭先生に師事して研修講師としての基礎を学び，セミナー講師としてもメガバンク系のセミナーや商工会議所などで活躍している。

著者・監修者との契約により検印省略

平成23年10月20日　初版第１刷発行

ビジネス禅
－公認会計士が書いた禅の本－

著　者	笠　倉　健　司
監修者	箱　田　忠　昭
発行者	大　坪　嘉　春
印刷所	税経印刷株式会社
製本所	株式会社　三森製本所

発行所　〒161-0033　東京都新宿区下落合２丁目５番13号　株式会社　税務経理協会

振　替　00190-2-187408　電話（03）3953-3301（編集部）
ＦＡＸ（03）3565-3391　（03）3953-3325（営業部）
URL　http://www.zeikei.co.jp/
乱丁・落丁の場合は，お取替えいたします。

ISBN978-4-419-05685-8　C1036